A IDEOLOGIA DA VELHICE

EDITORA AFILIADA

Dados Internacionais de Catalogação na Publicação (CIP)
(Câmara Brasileira do Livro, SP, Brasil)

Haddad, Eneida Gonçalves de Macedo
A ideologia da velhice / Eneida Gonçalves de Macedo Haddad. — 2. ed. — São Paulo : Cortez, 2016.

ISBN 978-85-249-2511-5

1. Assistência a idosos 2. Idosos - Condições sociais 3. Idosos - Cuidados I. Título.

16-08536 CDD-305.26

Índices para catálogo sistemático:

1. Idosos : Antropologia : Sociologia   305.26

Eneida Gonçalves de Macedo Haddad

A IDEOLOGIA DA VELHICE

2ª edição

A IDEOLOGIA DA VELHICE
Eneida Gonçalves de Macedo Haddad

Capa: de Sign Arte Visual
Revisão: Ana Paula Luccisano
Composição: Linea Editora Ltda.
Coordenação editorial: Danilo A. Q. Morales

Nenhuma parte desta obra pode ser reproduzida ou duplicada sem autorização expressa da autora e do editor.

© 2017 by Eneida Gonçalves de Macedo Haddad

Direitos para esta edição
CORTEZ EDITORA
Rua Monte Alegre, 1074 – Perdizes
05014-001 – São Paulo – SP
Tel.: (11) 3864-0111   Fax: (11) 3864-4290
e-mail: cortez@cortezeditora.com.br
www.cortezeditora.com.br

Impresso no Brasil — março de 2017

À memória de Oswaldo e
Enóe Aparecida, meus pais.

Ao César querido
e aos nossos filhos:
Fernanda e Cesito.

"Toda ciência seria supérflua se a aparência das coisas coincidisse diretamente com sua essência"

Karl Marx

"Pergunta a cada ideia: serves a quem?"

Bertolt Brecht

Sumário

Prefácio à 2ª edição
Sálvea de Oliveira Campelo e Paiva 11

Apresentação à 2ª edição — Do passado ao presente 17

Apresentação — A velhice dos velhos
Teófilo de Queiroz Jr. 53

Introdução 57
   1. Um relato pessoal 57
   2. Quando os velhos se transformam em objeto do saber 60
   3. Esclarecimentos de ordem teórica 62

CAPÍTULO 1
O saber sobre a velhice: a "ciência" está com a palavra

   1. A velhice: o que é, o que se diz, do que se trata 71
   2. Uma população envelhecida, porém "iluminada" 74
   3. O receituário gerontológico 81

CAPÍTULO 2

E o Estado, como se pronuncia?

1. A velhice como objeto de intervenção legal no Estado brasileiro ... 109
2. A ideologia da cumplicidade 118
3. Palavras e planos da Secretaria da Promoção Social 126

CAPÍTULO 3

O imaginário e a lógica da questão da velhice na proposta SESC

1. Educação permanente: a varinha de condão para a conquista de uma velhice feliz 150
2. A vigilância sagaz.. 156
3. O SESC tutela os idosos 172

Conclusão.. 195
Fontes e bibliografia... 199

Prefácio à 2ª edição

Em dezembro de 2016, fui surpreendida com o convite feito pela Professora Eneida Gonçalves de Macedo Haddad para prefaciar a reedição do seu livro intitulado *A Ideologia da Velhice*, publicado em 1986 pela Cortez Editora. Após os minutos de tamanha emoção que sucederam ao convite, fui tomada por um sentimento de preocupação diante da responsabilidade assumida perante uma das referências mais constantes nas reflexões, em estudos, falas e produção escrita sobre o envelhecimento, a velhice humana, na perspectiva da totalidade social, no Brasil. Mas, devo confessar: fiquei honrada com o convite!

Dentre os motivos para tanta preocupação, convém destacar três desafios: (i) Como apresentar um livro tão conhecido e referenciado nos estudos sobre a velhice humana, considerando, inclusive, que a reedição foi reivindicada coletivamente durante o 15º Congresso Brasileiro de Assistentes Sociais?; (ii) Qual seria ou quais seriam os aspectos merecedores de maior destaque numa breve apresentação, como deve ser produzido um prefácio, tendo em vista que o livro *A Ideologia da Velhice*, diante do cuidado e refinamento crítico da autora, é um todo orgânico, difícil de ser desmembrado?; (iii) Finalmente, como deve se comportar a aprendiz durante a apresentação de uma obra de sua mestra? Assim, após um longo processo reflexivo de ensaios e recomeços, foi preciso tomar uma decisão cujo resultado se concretiza nas linhas a seguir...

A lúcida opção por uma concepção teórico-metodológica, comprometida com o objetivo de conhecer a sociedade como totalidade, o estilo literário e a maneira contundente e corajosa de realizar a crítica, são características encontradas nos escritos da Professora Eneida Haddad. Na primeira apresentação, feita por Teófilo de Queiroz Jr., no dia 21 de março de 1986, foi destacada a sua rara habilidade de combinar *o rigor de cientista social* e o *calor do ser humano interessado em seu semelhante*.

Para além dessa incontestável habilidade, que se renova e se manifesta nas linhas dedicadas à apresentação da autora a esta edição, é oportuno acrescentar: a sensibilidade e o respeito no trato com as pessoas e com as questões relacionadas à vida; a professora aposentada, mergulhada na história das relações sociais que conformam o seu país, posicionada ética e politicamente na frente de resistência à barbárie, que se instalou nas últimas décadas, à mercê da reestruturação produtiva e da financeirização do capital. Enfim, eis algumas breves anotações sobre a autora, a linda mulher que tive a oportunidade de conhecer em Franca, São Paulo, no mês de setembro de 2016.

Ao escrever *A Velhice* — um clássico a ser estudado por quem deseja se debruçar sobre os estudos críticos relacionados à velhice humana —, Simone de Beauvoir, na década de 1970, denunciou a urgente necessidade de romper a conspiração do silêncio e dar visibilidade à existência de um abismo instransponível entre a velhice de ricos e pobres mediante estudos que levem em consideração a estrutura de classes na sociedade moderna.

Em seu livro, *A Ideologia da Velhice*, a Professora Eneida atesta a favor desse rompimento, desvelando um sistema de ideias responsável por fundamentar, no Brasil, discursos ideológicos protagonizados pela gerontologia-geriatria, pelo Estado, pelo SESC e pelas Ciências Humanas a-históricas, instâncias essas que, em suas palavras, "produzem e reproduzem as representações sobre a velhice, alicerçadas nas águas turvas da pseudoconcreticidade".

Passados mais de trinta anos desde a sua primeira edição, o livro *A Ideologia da Velhice* continua sendo uma fonte de consulta obrigatória ao pensamento que pretende ir além da aparência e atingir a essência do fenômeno ora estudado. Trata-se de um instrumento a favor da resistência à avalanche de representações que aniquilam a apreensão da velhice do trabalhador enquanto produção social no sistema do capital. Pois, como ensina a Professora Eneida, "A 'problemática' da velhice é analisada pelos teóricos, tratada como se não fosse produto de uma totalidade própria, nem possuísse uma história, fruto das contradições da sociedade capitalista".

Nessa linha de pensamento, faz-se alusão aos "ideólogos da velhice", "técnicos em velhice", "teóricos da velhice", "cientistas da velhice" enquanto prescritores do "receituário gerontológico" cujas "ideias autonomizadas", em acordo com a Professora Eneida, "buscam nos fazer acreditar que a realidade vivida pelo homem no final da sua vida poderá ser alterada com a ação da 'ciência', das instituições sociais, do Estado e do próprio idoso".

Também são elucidadas, em tom de denúncia, práticas referentes à "pedagogia da velhice" e à "política de vigilância da velhice", evidenciando, em seus conteúdos, como escreve a Professora Eneida, "uma educação da alienação, para a alienação e pela alienação", bem como "a falácia ideológica que equaciona o problema da velhice sob as bases de um velho fictício". As estratégias de responsabilização da família e culpabilização do velho trabalhador pela própria "velhice trágica", recorrentes na atualidade, são aspectos devidamente abordados no escrito de 1986 e merecem a cuidadosa atenção por parte dos que estudam e atuam no campo do envelhecimento, da velhice humana. Mas o livro estava fora do catálogo da editora.

Assim, diante da dificuldade de acesso aos livros *A Ideologia da Velhice* e *O Direito à Velhice*, ambos publicados pela Cortez Editora, tão raros e tão necessários, foi aproveitada a oportunidade criada durante o 15º Congresso Brasileiro de Assistentes Sociais, realizado entre os dias 5 e 9 de setembro de 2016, no Centro de Convenções, em Olinda, Pernambuco. Ao compor, junto com a Professora Solange Teixeira, a sessão temática *Política Social e Serviço Social: envelhecimento na sociabilidade do capital*, antes de iniciar a exposição, houve uma quebra do protocolo. Foi solicitada à coordenadora da mesa a autorização para, na tarde do dia 6 de setembro daquele ano, redigir e fazer circular um abaixo-assinado pela reedição dos livros da Professora Eneida Haddad.

Na noite de 27 de setembro de 2016, a caminho do campus da Unesp/Franca, no intuito de participarmos do II Workshop "Os olhares sobre o envelhecimento e velhice: a perspectiva crítica", tanto eu como as professoras Solange Teixeira, Nanci Soares e Jonorete Benedito tivemos a honra de comunicarmos a notícia da reedição do livro à Professora Eneida, que, assim como todas nós, ficou muito emocionada.

Com a reedição do livro, é vislumbrada a possibilidade de acesso ao seu conteúdo a estudantes, profissionais, lideranças, pesquisadores, enfim, a reedição compõe o rol de estratégias de resistência, no sentido de desvelar o pensamento conservador que norteia as reflexões e práticas profissionais em torno das questões impostas pela velhice da classe trabalhadora. Como sinalizou a Professora Eneida Haddad, "ao modo capitalista de produção corresponde o modo capitalista de pensar". Portanto, "ao lado do modo pelo qual a velhice **deve ser vivida**, segundo os paradigmas propostos aos velhos da sociedade brasileira, há os modos de **se poder vivê-la**". E assim, "todos viveram suas particularidades... Não puderam desenvolver suas potencialidades. Vida e morte estão indissoluvelmente unidas".

Antes de finalizar, quero registrar os sinceros agradecimentos à equipe da Cortez Editora, a todas as pessoas que assinaram o abaixo-assinado e à querida Professora Eneida Haddad por esta inesquecível oportunidade. O livro estará conosco! Creio, enfim, ter dado conta de como deveria me comportar diante do desafio: trazer a este Prefácio a história, como sempre faz a neta de Mariana e Narcisa, lembrando o nosso primeiro encontro selado com um abraço ao estilo pernambucano: apertado e demorado! Aguardo, ansiosamente, o lançamento para adquirir o meu exemplar dedicado e autografado.

Recife, 2 de fevereiro de 2017.

De coração,

Sálvea de Oliveira Campelo e Paiva

Apresentação à 2ª edição
Do passado ao presente

Apresentada em dezembro de 1985 como dissertação de mestrado em Antropologia Social na Faculdade de Filosofia, Letras e Ciências Humanas da Universidade de São Paulo, *A ideologia da velhice* foi publicada no ano seguinte pela Cortez Editora. Iniciei o curso de pós-graduação em 1978, portanto, durante o execrável período da ditadura militar. Em 1986, continuei meus estudos, concluindo o doutorado em Sociologia em 1991.[1]

Escrever a apresentação para a segunda edição de *A ideologia da velhice* não é tarefa fácil. Mais de três decênios se passaram. O resgate do processo que me levou a estudar esse tema cruza-se com os anos vividos sob a ditadura militar, com a lembrança de fatos inesquecíveis e pessoas queridas, muitas das quais já não existem. Mas a dificuldade decorre também, e principalmente, da situação política vivida no Brasil com o *impeachment* da presidente Dilma, ocorrido sem respaldo na Constituição e com o apoio da grande imprensa. Em

---

1. *A velhice de velhos trabalhadores: o cenário, o movimento e as políticas sociais.* Tese de Doutoramento apresentada à Faculdade de Filosofia, Letras e Ciências Humanas da Universidade de São Paulo — Departamento de Sociologia.

18 Brumário de Luís Bonaparte, Marx, recorrendo a Hegel, afirma que os fatos históricos repetem-se duas vezes: a primeira como tragédia e a segunda como farsa. No caso brasileiro, o golpe militar de 1964 foi uma tragédia e o de maio de 2016 uma farsa.

Após alguns anos de exercício democrático, os interesses da elite capitalista financeira, industrial e do agronegócio estão representados nos poderes Executivo, Legislativo e Judiciário. Um grande percentual da população brasileira está às voltas com toda sorte de humilhações, insegurança e ameaças a serem consolidadas pela PEC 241, agora alcunhada de PEC 55, e pelas reformas trabalhista e previdenciária, medidas fundamentais, conforme o presidente Temer, para conter a crise econômica provocada por sua antecessora.

Vive-se sob o signo de um projeto político premeditado, racional e perverso que impõe aos trabalhadores mudanças na legislação trabalhista, congelamento dos salários, cortes na saúde, na educação, na previdência, enfim, a perda de direitos consagrados na Constituição.

A Constituição vem operando de *"maneira deturpada e irregular"*, conforme Luis Felipe Miguel.[2] Segundo o autor, o sintoma mais evidente

> da ditadura que se implanta é a paulatina redução da possibilidade do dissenso. Ela vem aos poucos, mas continuamente. Dentro do Estado, do Itamaraty ao IPEA, não há praticamente espaço em que a caça às bruxas não seja pelo menos insinuada. Vista como foco potencial de divergências, a pesquisa universitária está sendo estrangulada. Decisões judiciais coibindo críticas — em primeiro lugar ao próprio Judiciário e seus agentes, mas não só — tornaram-se cada vez mais costumeiras. Juízes e procuradores, embalados pela onda da campanha mistificadora do Escola Sem Partido, intimidam professores e estudantes que queiram debater em escolas e universidades. O MEC se junta à campanha, exigindo (...) que estudantes mobilizados sejam denunciados pelas administrações universitárias. É todo um processo de

---

2. Professor no Instituto de Ciência Política da Universidade de Brasília, onde coordena o Grupo de Pesquisa sobre Democracia e Desigualdades.

normalização do silenciamento da divergência que está em curso (Miguel. ANPOCS, 2016).

Ancorado na tecnocracia financeira, na grande mídia e nos poderes Legislativo e Judiciário, o governo Temer tem imposto à população as determinações neoliberais, cuja hegemonia tem levado ao predomínio do pensamento único. Não há disfarces, debates ou negociações. A abertura da exploração do pré-sal a empresas privadas nacionais e estrangeiras é sintoma expressivo da situação anômala vivida no Brasil.

Voltando ao passado, na década de 1970, a produção teórica sobre a velhice era pouca no Brasil. Parte dela, comprometida com a manutenção do *status quo*, despertou em mim o interesse em trabalhar com a ideologia da velhice, tornando-se objeto do meu estudo. Refiro-me aos discursos produzidos e publicados pelo Serviço Social do Comércio/SESC e pela Sociedade Brasileira de Geriatria e Gerontologia/SBGG, assim como à legislação promulgada pelo Estado. Conquanto os proventos dos aposentados e pensionistas estivessem se tornando cada vez menores, conforme se menciona a seguir, e a miséria no fim da vida denunciasse a cruel desigualdade social produzida pelo capitalismo, o conjunto de representações produzido pelos ideólogos da velhice, expressão da ideologia dominante, ocultava a realidade concreta e, por conseguinte, a produção social da velhice na sociedade de classes brasileira.

No decênio de 1970, além dos salários, a assistência médica oferecida pela Previdência Social também era sofrível. Conforme Braga e Góes de Paula (1986, p. 83),

> Chega-se a 1973 com um quadro de saúde pública muito grave configurado pela conjunção de enfermidades crônico-degenerativas ao lado das doenças infectocontagiosas; pela ocorrência nos centros urbanos de endemias antes apenas rurais, como a doença de Chagas, etc., pelo retorno da tuberculose como enfermidade significativa nacionalmente, pela vigência da desnutrição e de altas taxas de mortalidade infantil.

No contexto da ditadura militar, foi assinada pelo Ministério do Trabalho e da Previdência Social a primeira medida normatizadora da assistência aos idosos, restrita aos beneficiários do sistema previdenciário (Portaria 82, de 4 de julho de 1974).[3] A partir de 1930, o atendimento à velhice era feito pelo Estado por meio de auxílios e convênios com instituições particulares. A Portaria 82/74 evidenciou a manutenção dessa postura; a inovação refere-se à prestação direta, voltada para a prevenção dos "males" da velhice e para a sensibilização da comunidade.

O empobrecimento das classes assalariadas crescia numa velocidade acentuada. Em nome do controle inflacionário e em favor da reprodução do capital ocorreu o controle salarial, verificando-se um rebaixamento aviltante do salário mínimo. Com relação aos reajustes dos proventos dos aposentados e pensionistas, não bastasse os índices de correção terem sido, até então, inferiores à inflação, a Lei n. 6.205, de 29/04/1975, descaracterizou o salário mínimo como fator de correção monetária. A correção pela variação do salário mínimo foi substituída por um sistema especial de atualização monetária (Art. 2°) (Ianni, 1979).

Outras medidas legais foram promulgadas em 1976[4] e 1979[5], diminuindo, cada vez mais, os salários dos aposentados e pensionistas.

---

3. A cargo do Serviço Social, a assistência aos idosos far-se-ia diretamente pelo INPS e indiretamente através de (de maneira indireta por acordos) acordos com instituições, sempre que possível abrangendo os aspectos bio-psico-sociais. A primeira modalidade refere-se à internação custodial de aposentados — a partir dos 65 anos, quando do sexo masculino, e dos 60 anos, quando do sexo feminino, e pensionistas a partir dos 60 anos —, devendo abranger: "alojamento e alimentação; programação de atividades sociais; atendimento médico e de enfermagem; concessão de medicamentos de rotina" (Portaria 82, de 04 de julho de 1974). A internação deveria basear-se nos seguintes critérios: "desgaste físico e mental, impossibilitando a auto-suficiência para as atividades de vida diária; carência de recursos próprios ou do grupo familiar, para prover alojamento; inexistência de grupo familiar; abandono por parte do grupo familiar" (Portaria 82/74).

4. Em 24 de janeiro de 1976, o Decreto 77.077 consolidou a legislação da Previdência Social. Conforme o Art. 225, "*A contar de 30 de abril de 1975, os valores monetários fixados com base em salários-mínimos serão substituídos por valores de referência, para cada região do país, reajustáveis segundo sistema especial estabelecido pelo Poder Executivo, na forma da Lei 6.205, de 29 de abril de 1975.*"

5. A defasagem dos proventos dos beneficiários da Previdência Social aumentou a partir de 1979, em decorrência da Lei n. 6.708, de 30 de outubro, que modificou a política salarial:

A partir de 1979, tornou-se caótica a já difícil situação vivida pelos beneficiários da Previdência Social.

Em 1979, a Portaria 82/74 foi revogada pela de n° 25, quando, então, os idosos não previdenciários passaram também a contar com a assistência social. À Legião Brasileira de Assistência/LBA coube a função de *"desenvolver uma ação integrada entre os órgãos do Poder Público, nos seus diversos níveis e nos de atuação privada, a fim de evitar ações dispersas e esforços isolados"* (Portaria 25/79). Tendo caráter preventivo, terapêutico e promocional, a Portaria 25/79 objetivava propiciar a integração social do idoso, *"sobretudo no que se refere à melhoria das condições de vida, ao fortalecimento dos laços familiares e à formação de uma atitude positiva à velhice"*.

Três anos depois, em 5 de maio de 1982, quando as defasagens nos proventos dos aposentados e pensionistas tomavam proporções insustentáveis e a situação de pobreza impedia que se fechassem os olhos para a velhice não subsidiada pelo Estado, a Portaria MPAS 2.864 veio somar-se à anterior, ampliando os objetivos da assistência aos idosos, os quais não foram atingidos.[6]

---

o valor monetário dos salários passou a ser corrigido semestralmente, de acordo com o INPC (Art. 1°). Segundo o Art. 2° dessa lei, a correção passou a efetuar-se *"segundo a diversidade das faixas salariais e cumulativamente."* A correção dos valores monetários dos salários passou a independer da negociação coletiva, podendo ser *"reclamada, individualmente, pelos empregados."* (Art 3°). Ora, pelo Artigo 153 do Decreto n. 83.680, de 24/01/1979, o valor dos benefícios em manutenção deveria ser reajustado na mesma data que o salário mínimo, de acordo com a política salarial vigente. É fácil concluir que, com base neste decreto, combinado com a Lei n. 6.708/79, o reajustamento dos aposentados e pensionistas já sofreria acentuada defasagem. Não obstante, ele passou a ser pago com base no salário mínimo anterior, o que desencadeou uma diferença brutal.

6. Vale registrar os objetivos então anunciados:
- "prevenir a marginalização e promover a integração do idoso à família e à comunidade, mediante a adoção de programas preventivos, terapêuticos e promocionais organizados preferencialmente em regime de externato e de semi-internato;
- estender a assistência ao maior número de idosos, propiciando-lhe atendimento global, mediante o desenvolvimento de ações integradas das entidades do SINPAS;
- prevenir a segregação do idoso, através de incentivos a programas inovadores que aumentem a eficácia do atendimento das necessidades básicas do idosos, com sua ativa participação;

Tendo os recursos comprometidos com os interesses privados e a cobertura de benefícios e serviços ampliados, a Previdência Social viu-se atingida pelo declínio das receitas. Os proventos dos aposentados passaram a não cobrir as mínimas necessidades de sobrevivência.

No curso dos anos 1980, a sociedade brasileira conheceu substantivas transformações em suas formas de organização. Novos movimentos colocaram o social em ebulição. Explodiram as diferenças que se expressaram nas lutas que mulheres, negros, estudantes, minorias sexuais, ecologistas e aposentados desencadeavam pela melhoria da qualidade de vida.

O processo de constituição da Previdência Social possibilitou a organização do Movimento dos Aposentados e Pensionistas. Subordinados às malhas dos dispositivos institucionais, vivendo a tragédia da velhice subsidiada por uma Previdência Social plena de conflitos, os aposentados e pensionistas organizaram-se para enfrentar o Estado nos limites impostos pela "transição democrática" (Haddad,1993).

Isso foi possível graças ao aumento do número de associações e federações de aposentados e pensionistas, na primeira metade da década de 1980. Em 1985, com a criação da Confederação Brasileira de Aposentados e Pensionistas/COBAP, o Movimento foi organizado e ganhou grande visibilidade. Os aposentados e pensionistas da Previdência Social ansiavam por mudanças que lhes assegurassem proventos melhores e assistência médica de qualidade e, para isso, lutaram junto aos constituintes. Inúmeras caravanas saíram de todas as regiões do país em direção a Brasília, de tal sorte que o Movimento constituiu-se no segundo maior *lobby* durante os trabalhos da Assembleia Nacional Constituinte, perdendo somente para a União Democrática Ruralista/UDR.

Até então, a política neoliberal não havia sido introduzida na economia capitalista brasileira. A sociedade estava empenhada na derrubada da ditadura, mas a ameaça pairava no ar. Logo após a

---

- garantir padrões de qualidade nos serviços especializados para atendimento ao idoso junto à família e a sua comunidade"(Portaria 2 864/82).

promulgação da Constituição brasileira, em 5 de outubro de 1988, a COBAP temia pelo não cumprimento do que havia sido conquistado, uma vez que a privatização da Previdência Social era apontada como uma saída para resolver o ônus que os gastos com aposentados e pensionistas representavam aos cofres públicos. A política neoliberal avançava a passos largos, sendo uma realidade em vários países: Chile, Inglaterra, Estados Unidos, Alemanha, Espanha, França.

Conforme Francisco de Oliveira (1995, p. 24-5), "foi a ditadura que começou o processo de dilapidação do Estado brasileiro, que prosseguiu sem interrupções no mandato 'democrático' de José Sarney". Com Collor, afirma ele, "surgiu o neoliberalismo à brasileira", e com Fernando Henrique Cardoso o crescimento da "direita" no país.

A Constituição Federal, assinada em 5 de outubro de 1988, introduziu, com a denominação de seguridade social, um conceito alargado de proteção social, compreendendo "um conjunto integrado de iniciativas dos poderes públicos e da sociedade, destinadas a assegurar os direitos relativos à saúde, à previdência e à assistência social" (Art.194). Quanto à Previdência Social, duas mudanças significativas encontram-se dispostas no artigo 194: "irredutibilidade do valor dos benefícios" e "caráter democrático e descentralizado da gestão administrativa, com a participação da comunidade, em especial dos trabalhadores, empresários e aposentados".

Os objetivos da seguridade social sintetizaram uma nova organização das políticas de previdência, saúde e assistência social que, se concretizadas, representariam um avanço maior na qualidade de vida dos idosos. As pressões do Movimento de Aposentados e Pensionistas no Legislativo e Executivo, as tentativas de atrair as centrais sindicais num momento em que era grande a taxa de desemprego e as manifestações para sensibilizar uma opinião pública voltada para seus próprios problemas não conseguiram trazer para um primeiro plano os debates sobre o direito à vida e, consequentemente, sobre o direito à dignidade na velhice.

Com a precarização do mercado de trabalho e o desemprego no Brasil, intensificou-se a divulgação pelo Estado e pela mídia que o recolhimento para a Previdência Social diminuía cada vez mais. Fernando Henrique Cardoso (1995-2002) incorporou o discurso político dos credores internacionais, isto é, de que a fragilidade do caixa da previdência exigia mudanças na legislação da instituição. O projeto de lei, tendo sido acompanhado de significativa resistência por diferentes segmentos da sociedade civil, levou quatro anos para ser aprovado, consolidando-se na Emenda Constitucional 20/98. Na sequência, o governo de Luiz Inácio Lula da Silva (2003-2010), atendendo também aos apelos da política internacional, conseguiu aprovar, no primeiro ano de seu governo, nova reforma da previdência (EC 41/03). De 1988 a 2003, duas grandes reformas ocorreram no Brasil, sem levar em conta pequenas alterações nos governos de Itamar Franco[7] e de Dilma Vana Rousseff[8]. O governo Temer está propondo um novo projeto de reforma da Previdência Social (Haddad, 2017).

Atualmente, outra grande preocupação é com o futuro do Sistema Único de Saúde/SUS, instituído pela Constituição Federal de 1988 (Art.195) para garantir o direito à saúde universal e gratuita a todos brasileiros. O SUS foi regulamentado pela Lei n. 8080, de 19 de setembro de 1990. É mantido com recursos provenientes dos orçamentos da União, dos Estados, do Distrito Federal e dos Municípios. É o maior sistema universal do mundo, sendo que 75% da população brasileira dele depende.

Constantemente, a mídia, comprometida com os interesses privados, refere-se ao ônus que o SUS representa aos cofres públicos e à insuficiência de verbas arrecadadas para atender satisfatoriamente as necessidades da população. Ao invés de maiores investimentos, a terceirização tem sido apontada como a melhor saída para resolver os impasses da saúde. A mercantilização da saúde, isto é, sua comercialização, sua venda a serviço dos interesses do capital, tem sido

---

7. A E.C. nº 3/93 instituiu o caráter contributivo da Previdência no Serviço Público, ao determinar que "as aposentadorias e pensões dos servidores públicos federais serão custeadas com recursos provenientes da União e das contribuições dos servidores, na forma da lei".

8. Fim da vitaliciedade da pensão e flexibilização do fator previdenciário.

colocada em prática e insistentemente defendida pelo ideário neoliberal. Dos seus gastos, 60% são com os serviços privados, isto é, com o pagamento de procedimentos cirúrgicos, serviços ambulatoriais, hospitalares, faturas, indústrias de equipamento etc. Não existe, pois, uma política de saúde que priorize o setor público (Haddad, 2017).

Com sede em Brasília, a COBAP continua atuando em todo território nacional, acompanhando as propostas de mudanças na previdência e na saúde. O grau de organização dos aposentados e pensionistas ainda é extremamente frágil. Os idosos foram incluídos na plataforma de luta da COBAP, cujo nome foi alterado para Confederação Brasileira de Aposentados, Pensionistas e Idosos. A crescente insegurança a que estão submetidos poderá aumentar as tensões entre os aposentados e o Estado brasileiro, como tem ocorrido em alguns países europeus.

Conforme Harvey (2016, p. 10-11), atualmente há uma polarização no planeta: de um lado, a defesa por parte da Europa e dos Estados Unidos das austeras medidas neoliberais como solução aos problemas econômicos enfrentados; de outro lado, a "retomada de uma versão em geral diluída de uma expansão keynesiana baseada na demanda e financiada pela dívida (como na China), ignorando a ênfase de Keynes na redistribuição de renda para as classes mais baixas como um de seus componentes-chave". Os dois polos têm garantido o aumento da concentração da riqueza nas mãos de uma poderosa plutocracia.

O envelhecimento da população é uma realidade em quase todo mundo. Mas a velhice está em perigo, ameaçada pelo fato de viver mais. Como ressalta Sálvea de O. Campelo e Paiva (2014, p. 129),

> Nunca se trabalhou tanto! Nessa trama, as velhas e os velhos trabalhadores(as) quase invisíveis, do ponto de vista do foco do Estado, não fosse a atual magnitude do impacto do envelhecimento senil na agenda das políticas públicas, sobrevivem e são provedores(as) de suas famílias à custa dos direitos trabalhistas por eles(as) mesmos(as) conquistados, cuja longevidade lhes permite ver agora [sendo] desregulamentados.

Retornando ao estudo *A ideologia da velhice*, minha intenção inicial era realizar pesquisas empíricas a fim de conhecer a velhice vivida por velhos trabalhadores. Entretanto, acabei decidindo pela análise do conteúdo ideológico propagado pelas mencionadas instâncias de produção discursiva (o SESC, a Gerontologia-Geriatria e o Estado). Assim, limitei-me às representações da velhice por elas produzidas sem ter desenvolvido investigações que me permitissem conhecer o cotidiano dos idosos pertencentes aos segmentos mais explorados da sociedade brasileira, suas relações de convivência, o lazer que desfrutam, sua forma de viver a velhice e a resistência aos padrões preconizados pelos ideólogos a serviço dos interesses capitalistas. Foi ao que me dediquei no doutorado e nos anos subsequentes.

Ao lado do modo pelo qual a velhice **deve ser vivida**, segundo os paradigmas propostos aos velhos da sociedade brasileira, há os modos de **se poder vivê-la**. Tive o privilégio de conviver com velhos trabalhadores aposentados através de pesquisas realizadas, das quais me reporto a algumas e a alguns dos muitos idosos que possibilitaram a realização destas.

Esses estudos desmistificam os paradigmas defendidos pela Gerontologia Social, os discursos do SESC e os propósitos do Estado. As diferenças de classe, de gênero, de procedência além das individuais são variáveis a serem consideradas no processo de envelhecimento; o multiverso constituído por diferentes experiências individuais e coletivas desqualificam o modelo defendido para a velhice. Acrescente-se ainda que os gerontólogos são os principais porta-vozes de instituições internacionais preocupadas com as consequências que o envelhecimento da população mundial poderão trazer aos países "despreparados". Tiveram eles um papel significativo nas assembleias mundiais sobre o envelhecimento, organizadas pelas Nações Unidas, ocorridas em Viena e Madri nos anos de 1982 e 2002, respectivamente. As determinações do capitalismo na produção da velhice foram, obviamente, omitidas.

A menção a algumas pesquisas realizadas deve ser compreendida como tentativa de, na segunda edição de *A ideologia da velhice*, ampliar o conhecimento da velhice de trabalhadores, cuja vida foi marcada pelo desemprego, pela disciplina, pela pobreza, pela subalternidade, pela resistência, pelos sonhos.... e pela esperança. Ao mesmo tempo, quem sabe, poderá estimular estudos que busquem salvaguardar aspectos significativos da nossa cultura e criticar os paradigmas propostos para bem viver a velhice.

Uma delas foi com velhos migrantes e não migrantes que se aposentaram como operários. Os que migraram vieram, quando jovens, para a cidade de São Paulo, oriundos de diferentes regiões do Brasil, substituindo o cabo da enxada pelo trabalho nas indústrias.[9]

A velhice vivida e pensada por operários aposentados foi compreendida como um conjunto de práticas e representações não isentas da ideologia dominante, resultado da dominação e do conflito inerentes à sociedade de classes; como manifestação diferenciada "que se realiza no interior de uma sociedade que é a mesma para todos, mas dotada de sentidos e finalidades diferentes para cada uma das classes sociais" (Chaui, 1986, p. 24), isto é, que possui uma lógica própria. Em outras palavras, da mesma forma que se refuta a visão gerontológica que, universalizando a velhice, acena com um modelo homogeneizador, tampouco aceita-se a ideia de que a forma como a velhice é vivida e pensada pelos trabalhadores aposentados esteja imune à cultura dominante. Práticas e representações da cultura dominante são interiorizadas e reproduzidas, mas também são transformadas, recusadas ou afastadas *"implícita ou explicitamente"*, conforme Chauí, daí a lógica interna própria, a lógica do conformismo, do inconformismo e da resistência.

Na medida em que o simbólico não pode ser reduzido a comportamentos observáveis e às suas finalidades práticas imediatas, tentou-se abrir pequeninos espaços para o conhecimento dos sonhos, dos desejos, das aspirações.

---

9. Pesquisa: *A velhice de velhos trabalhadores: o cenário, o movimento e as políticas sociais*. A pesquisa foi financiada pelo CNPq (1990-1991), que, também, me concedeu três bolsistas para a coleta de dados: Marcia Machado Turolla (Bolsa de Aperfeiçoamento), Rogério Nemoyane Ribeiro (Bolsa de Iniciação Científica) e Silvia Prevideli (Bolsa de Iniciação Científica). A colaboração por eles prestada foi muito importante.

Não se tratou de exaltar o aspecto imediato e o sentido que os idosos atribuem às suas práticas. É preciso compreendê-las em sua conexão com os conflitos e as condições de exploração a que é submetida a classe trabalhadora. Além do mais, a alienação é inerente à vida.

> Consciência da vida? Estas palavras são justas? Temos consciência de nossa vida? (...) Não. Nossa vida não é realizada e nossa consciência é falsa. Não é somente nossa consciência que é falsa: ela é falsa porque nossa vida permanece alienada. Falsas representações conduzem a uma consciência falsa de uma vida irrealizada; elas não levam à consciência da irrealização (do grau de irrealização) da vida humana: elas a apresentam seja como realizada (e é a satisfação vulgar ou moral), seja como irrealizável (e é a angústia ou o desejo de outra vida).
> Mais precisamente, hoje, não se sabe como se vive. Apenas sabe-se, depois de ter vivido, como se viveu. E que amargura nessa consciência infeliz (Lefebvre, 1958, p. 207-8).

Os personagens que possibilitaram a realização dessa pesquisa sobreviviam como aposentados; alguns deles continuavam trabalhando para complementar os proventos recebidos da Previdência Social. Perda de valores culturais, desgaste físico provocado por excesso de trabalho, deslocamento espacial e alimentação insatisfatória, desemprego, marcaram sua existência. Envelheceram sem ter condições de reverter o processo. Em suas formas de viver e de pensar a velhice encontram-se mesclados o conformismo, o inconformismo e a resistência. Quando eles se queixaram dos proventos recebidos pela condição de aposentados, lastimaram o fato de continuarem trabalhando, acusaram os "políticos" e o "governo" pela situação em que se encontravam. Entretanto, o conformismo se fez presente. Ao se referirem ao valor do benefício, foram registradas expressões como esta: *"Ah! Minha filha, a aposentadoria é a maior riqueza do mundo"*.

Nenhum dos depoentes estava informado da existência das associações de aposentados e pensionistas ou do movimento por elas desencadeado. Levantou-se a hipótese de que a desinformação decorria, primeiramente, da ausência total de veiculação por parte da mídia e, secundariamente, do fato de muitos não terem participado da luta operária. Mas a resistência também ocorre. Não organizadamente, mas resistências que são construídas em suas práticas cotidianas, nas estratégias criadas para sobreviverem.

O primeiro contato com os idosos foi na Zona Leste da cidade de São Paulo, em filas de recadastramento do INPS e nos postos do INAMPS. Abriram as portas de suas casas para que fossem gravados seus depoimentos.

Na busca de não reduzir o heterogêneo ao homogêneo, houve a preocupação de destacar o que os idosos tinham em comum mas, ao mesmo tempo, procurando diferenciar a sua sobrevivência na velhice segundo a residência ou não com outras pessoas, lazer que desfrutavam, condições ou não de procurarem complementar os proventos da aposentadoria etc. Cuidou-se, também, de expor os depoimentos sem que o individual se perdesse ou fosse reduzido ao coletivo. A referência à contribuição de dois velhos trabalhadores é ilustrativa.

Sr. Herculano, paulista, negro, analfabeto, alto, sorridente, de cabelos brancos encaracolados, contador de histórias, compositor de sambas, de memória invejável e inteligência viva aposentou-se na Metal Leve. Antes de vir para São Paulo, trabalhou no mundo rural. Tinha 11 filhos e 35 netos e, separado da esposa, morava sozinho num barraco de madeira, em dois cômodos pequeninos, num terreno que adquiriu em 1954. Não se lastimava de solidão. Na frente do terreno, alguns pés de frutas, milho e outras plantas caseiras eram mencionados com satisfação. *"Planto... aquela doença do interior... um apego caipira... mas não dá pra eu esperar pra comer... Será que dá?"*

Muito doente, fraco, frequentemente hospitalizado, recebendo um salário mínimo como aposentado, Sr. Herculano não tinha recursos para comer o que precisava e o que gostava. Queixava-se disso. *"Eu gostava muito de carne. Naquele tempo eu comprava... Agora não dá... Outro dia me deu vontade de dar um chute num copo, porque eu fui comprar um pouquinho de carne. Eu pus num copo para trazer."*

Quando se sentia em condições para andar, dedicava seus domingos ao "Lambe Fogo", um time de futebol de várzea, treinando os meninos que considerava seus únicos amigos. Explicou: *"De primeiro, eu não gostava de futebol. Gostava de piada e de histórias... Também fui doente por cinema. Hoje* — afirmou com um sorriso largo — *eu gosto de pensar e inventar sambas".* E pôs-se a cantar, tocando violão:

> Seu doutor põe a mão na consciência
> E veja só que papagaiada,
> Quem é rico pode comer e vestir bem,
> Mas quem é pobre não pode
> Nem vestir, nem comer nada.
> Se compra roupa não come.
> Se come, não compra roupa.
> Só não morre seco, arreganhado,
> Porque vem água na boca.
> Se seu doutor fosse pobre quinze dias,
> Treze passava fome
> E no quatorze morria.

Sr. Herculano apropriou-se do tempo. Passava o dia pensando. E pensando, filosofando, chegou a conclusões importantes:

Na minha opinião, pra viver mesmo, a gente precisava ficar velho e viver uns duzentos anos e parar ali. Mas o relógio não para. É o castigo. O relógio não para. Duvido que a senhora tivesse o poder pra sair mais nova do que quando entrou aqui. É... viu? Eu gosto de reparar nas coisa. Às vezes eu tô queto, aí vem na cuca... e o relógio tac, tac, tac, tac.... A senhora entrou aqui mais nova e saiu mais velha. Uma pessoa nasce... que horas a pessoa pega de morrer? Não é a hora que nasce? Pronto, acabou. Dali um ano ela já tem um ano a menos de vida... Isso aí não tem idade... Não pra morrer. Eu tenho filho, irmão mais novo que já morreu. Parece que o novo não morre... Mas pode pegá desastre de automóvel, desastre de avião, essas doença que anda aí... Não é só velho não.

Outro idoso que residia sozinho era o Sr. Humberto. Solteiro, católico praticante, paulistano, o mais velho dos nove filhos de um casal italiano, dos quais quatro já tinham falecido, tinha, na época, 80 anos. Aos quatro anos foi morar em Araraquara, retornando à cidade de São Paulo com mais de 20 anos. Aposentou-se por idade. Com o falecimento de sua mãe, passou a viver só. Morava num apartamento alugado. Como recebia um salário mínimo de aposentadoria, era obrigado a trabalhar. Era vendedor de presépios e enfeites de Natal fabricados pela empresa onde se aposentou. Segundo ele, seu trabalho exigia que atravessasse as avenidas e ruas muito movimentadas de São Paulo, o que lhe causava muita insegurança.

> *Eu gostaria de trabalhar em casa agora. Eu já estou enjoado de andar na rua pra cima e pra baixo. Se tivesse um serviço de fazer em casa, que depois entregasse o serviço, ganhava mais. Eu estou cansado de andar na rua... Quando a gente é moço é uma coisa, mas quando a gente tem uma certa idade... Depois São Paulo modificou muito. Tem umas avenidas que é ruim pra passar... andar de condução de cá para lá... Não é como antigamente. Antigamente, quando vim pra São Paulo, era mais fácil. Atravessava sossegado.*

Falava e lia fluentemente o italiano, apreciava teatro e música, principalmente a ópera. Reclamava muito da solidão e explicou que não tinha uma companheira por falta de recursos.

Do dinheiro que recebia, gastava uma parte com o aluguel que ele considerava baixo, por ser inquilino do mesmo proprietário há mais de 30 anos. Contou que quase não comprava roupas e gastava pouco com remédios, empregando o restante do dinheiro na manutenção da casa e na compra de alimentos. No primeiro encontro, fez questão de mostrar o que havia feito para o almoço — arroz, feijão, frango e batatas — e de servir uma porção de feijão com cenoura. Sr. Humberto cozinhava bem. Demonstrou satisfação por ter um interlocutor durante duas horas e meia, embora a primeira gravação dos depoimentos tivesse ocupado noventa minutos.

Voltava muito ao passado. Sentia saudade da época em que era jovem e residia com a família em Araraquara. Trabalhava com o pai, proprietário de uma fábrica de chapéus.

> *Eu nasci no meio do comércio. O meu pai tinha fábrica de chapéu em Araraquara. Eu trabalhava com meu pai... eu e o meu irmão Laerte sempre trabalhamos juntos, na fábrica de chapéus... Depois veio aquela revolução de 32 e*

veio aquela crise. Ninguém mais usava chapéu. Desistimos de fazer chapéu. Nós fechamos a fábrica.

A vida em Araraquara foi evocada como o melhor tempo que desfrutou.

Meu pai pôs uma papelaria para mim... era papelaria e charutaria misturada. (...) Meu pai comprou um sítio. A gente tinha automóvel e aos domingos a gente ia no sítio...Quando meu pai comprou o sítio já tinha tudo. Tinha uma casa velha... reformamos toda a casa e ficamos com uma bela casa. A revolução de 32 estragou tudo. E a família já começava a crescer. Tinha que vir pra São Paulo.(...) A vida lá era boa porque a gente vivia do comércio... não trabalhava de empregado na casa de ninguém.

Quando voltaram para São Paulo, para aproveitar a experiência de Araraquara, o Sr. Humberto abriu uma charutaria. Não deu certo. Ele e o pai foram trabalhar como operários.

Pra ir trabalhar de bonde era só pendurado no estribo de manhã cedo e voltar de noite. A gente saía às quatro da manhã pra entrar às seis horas na fábrica. Às quatro horas da manhã a gente saía daqui, todo dia de manhã... pra ganhar hora extra na Textília. E saía às cinco, seis horas. Quando chovia, quando tinha esses temporais de chuva... ali no Moinho Santista, na Avenida Tatuapé, as bocas de lobo não davam conta da água. E vinha toda aquela enxurrada e ficava mais de um metro de altura de água. Então o bonde não passava. Aí então a gente descia lá... Que a Textília ficava na Rua Gomes Cardim. A gente vinha até ali... Depois dali, atravessava a pé... a nado... com água até a cintura. Vinha pra casa a pé. De lá do Moinho Santista, da Avenida Tatuapé, quantas vezes eu fiz isso.

Descreveu minuciosamente seu trabalho na Textília e em outra indústria, na fábrica de meias Musseline. Na primeira, segundo ele, trabalhava na sala de pano e, na segunda, na tinturaria. Não gostava do ambiente e do trabalho como operário.

O passado o acompanhava durante o sono. Sonhava muito... Sonhava com os pais, com a família... todos juntos em Araraquara. Tinha muito medo de se sentir mal à noite e de morrer sozinho. Assim, queria comprar um telefone, mas receava que a proprietária do apartamento em que morava pensasse que ele tinha dinheiro suficiente para pagar um aluguel mais alto.

Em seus depoimentos os idosos falaram da velhice. Do que é ser velho. Do sentir-se velho. Ser e sentir aparecem entrelaçados... confundem-se.

Num quadro sombrio, as privações de uma existência mesclam-se com restos de esperança. Falaram da infância que ficou longe, da chegada a São Paulo, da vida de trabalho. "A memória do trabalho é o sentido, é a justificação de toda uma biografia", conclui Ecléa Bosi (Bosi, 1979, p. 399).

A discriminação a que é submetido o idoso foi lembrada pelo Sr. Humberto.

> *A velhice, acho que é um fardo pesado porque a gente é humilhado. Chamam a gente de velho... Isso é uma humilhação. Humilhação muito grave... (...) Queria viver sem preocupação, sem trabalhar... passear. Acho que a velhice devia ser vivida assim. Ter uma companhia... sozinho também não. Viver sozinho assim... De dia não é nada, mas de noite é chato.*

Sr. Herculano estava sentindo a velhice. A memória, tão boa, estava falhando, ele explicou.

> *Chega aqui gente que eu não conheço... tô lidando pra mim conhecer... Depois eu fico até envergonhado quando ele fala: eu sou fulano de tal... Lembra que nós tocava lá? Eu digo: 'Nossa Senhora! Meninada que a gente dava croque na cabeça. A gente alembra alguma coisa... mas eu tô notando uma coisa agora. Eu gosto de reparar a gente. A melhor coisa do mundo é a gente conhecer a gente, porque a gente inventa de conhecer os outros e larga de conhecer a gente.(...) Eu tô notando que a gente esquece das coisa... é daqui pra lá, não de lá para cá. Isso eu tô notando. Eu podia esquecer da febre amarela de Guaratinguetá, do rei da Bélgica que passou aqui pro Brasil... que eu era escoteiro em Guaratinguetá. Não! Mas pergunta a moda de carnaval de dois anos atrás... já tô esquecendo. Tem alguma coisa errada comigo. (...) Mas eu sou feliz. O dia que eu me achar infeliz, eu acabo comigo. Eu não espero a morte. Eu pulo num poço de roupa e tudo A gente tem que tá bem com a gente mesmo. Não tem outra coisa melhor!*

Sr. Humberto quase não dispunha de tempo, sentia-se muito cansado. Gostaria de ir ao teatro, mas não saía mais à noite. Sempre apreciou teatro e música lírica.

> *Quando eu era mocinho vinham muitas companhias de teatro... arte dramática, ópera, opereta... essas coisa assim... isso eu sempre assisti no Teatro Municipal de Araraquara. (...) Agora tem teatro de graça, mas mesmo que pagasse um pouco a gente pagava. Mas não dá vontade... E eu não pago condução.*

Esses e os demais idosos que contribuíram para que este estudo fosse realizado estavam encerrando suas acidentadas biografias historicamente determinadas pelo modo capitalista de produção. Sr. Herculano constatou que havia alguma coisa errada com ele: a memória estava falhando, *"não de lá pra cá, mas de cá pra lá"*. Todos viveram suas particularidades... não puderam desenvolver suas potencialidades. Vida e morte estão indissoluvelmente unidas.

* * *

Outra pesquisa foi realizada de agosto de 1993 a julho de 1995[10], com idosos aposentados, nascidos e residentes no bairro Penha de França, onde seus pais e avós, majoritariamente italianos, haviam se fixado entre fins do século XIX e início do século XX, quando chegaram ao Brasil. Esse bairro situa-se na Zona Leste da cidade de São Paulo. Seu território tem início na margem direita do ribeirão Aricanduva, que o separa do Tatuapé, e se estende até São Miguel Paulista; limita-se, também, com Guarulhos.

Os idosos acompanharam a transformação do bairro. Rememoraram a infância e a vida difícil nas primeiras décadas do século XX. A várzea do rio Tietê, o Clube Esportivo da Penha, as festas organizadas pela Igreja Nossa Senhora da Penha, o futebol, o *footing* e os cinemas apareceram nos depoimentos de quase todos.

---

10. Pesquisa: *O sentido do lazer: relatos de velhos*. Pesquisa financiada pelo CNPq: agosto de1993 a julho de 1995.

Os cinemas mais próximos da Penha estavam localizados no Brás: Popular, Piratininga, Olympia e Brás Politheama. A maioria, por falta de recursos, não se deslocava até o Brás para ir ao cinema. Dona Judith contou entusiasmada: *"Às vezes eu ia ao Brás Politheama com a trempe atrás... porque eu tinha que levar minhas irmãs. Fui a mais velha e fui a que tomava conta de todas. Eu adorava cinema".*

Demorou muito para que a população penhense pudesse ter um cinema no bairro, como outra opção de lazer que não aquelas vividas no espaço da rua, da igreja e do universo familiar. Segundo informação dos idosos, o primeiro cinema, São Geraldo, fora criado por volta de 1920.

A exploração das áreas rurais em torno da Penha, a caça, a pesca no rio Tietê, fontes de abastecimento para suprir as necessidades alimentares dos moradores, assim como o cultivo de árvores frutíferas, hortas, milho e outras plantas e a criação de animais domésticos nos quintais das casas, apareceram nas recordações dos moradores do bairro.

A pobreza também é mencionada nos depoimentos. Pobreza e lazer aparecem entrelaçados. Sr. Euclides recordou-se do avô, seu grande companheiro.

Não tinha esse negócio de fartura que nem tem hoje. Coitada da minha mãe... lavava roupa, estendia na frente da casa, na rua, que era tudo grama. Não passava carro aqui, ninguém tinha carro. Ninguém tinha carro. Era tudo gente pobre. A vida era dura, dura mesmo. Era feijão, arroz e uma misturinha qualquer. Era ovo frito todo dia. No fim de semana, era a mesma coisa ou uma macarronada. Às vezes minha mãe matava uma galinha... ela criava galinha. Ou a gente ia pescar. Caçar era com meu avô. Mas meu irmão ia pescar todo dia, todo dia. Meu avô ia caçar sabiá. Matava sabiá e rolinha. Eu ia junto. Eu era o cachorrinho que ia pegar as vítimas dos tiros. Todos os domingos a gente ia caçar. Meu avô pegava 20, 30 sabiás e rolinhas. Daí minha avó, no dia seguinte, depenava e chutava-se com polenta.

Dona Lidia referiu-se às frutas existentes nas circunvizinhanças: goiaba, lima, gabiroba, maria-pretinha, araçá, maracujá, amora preta e vermelha. Quando ventava muito à noite, logo de manhã, as crianças iam pegar as frutas que tinham caído no chão.

> *Aqui na Dr. Cantinho, lá no fim, tinha um pé de amora preta. A gente ia lá com uma vasilha grande e voltava com aquilo cheio. Eu gostava de atravessar o rio Tietê, do outro lado, porque tinha um pé de ingá. Um ingazeiro. Perto da casa de Dona Lavínia, o pessoal parava com o barco ali pra pegar ingá. Era a coisa mais linda o pé de ingá. Era maravilhoso. Era muito bonito. Pra cá a natureza era muito bonita.*

Os aniversários não eram comemorados, "não na minha casa", afirmou Dona Mafalda. "Eu só tive uma festinha, que eu me lembre, quando completei 18 aninhos."

Os natais eram pobres. O Sr. Renato recordou:

> *O dia do Natal, você notava que era diferente por uma particularidade, esperar o Papai Noel. Mas ele não vinha. Para mim, não. Muito difícil. O meu irmão está esperando uma bicicleta do Papai Noel até hoje. Ele está com 62 anos. Desconfio que não vá ganhar a bicicleta mais. Era muito triste... Muita pobreza...(...) No Natal, no fim de ano, havia uma pequena diferença na minha casa porque eu tinha um tio que era estabelecido no Mercado Central com banca de frutas. Então, a minha casa diferenciava um pouco nisso... ele mandava um pouco de frutas... Ele mandava... porque se tivéssemos que comprar, não teríamos condições.*

Algumas atividades de lazer faziam parte da vida de todos os idosos, como ver televisão, bater papo com os vizinhos, visitar os parentes...

A costura, o tricô, o crochê e a limpeza do jardim, além das festas, foram apontadas como formas de lazer. Sr. Arnaldo sempre apreciou a pescaria. Segundo ele, *"tem que ter lazer. O lazer é fundamental. Pelo menos no fim de semana tem que ter lazer... pra ter disposição de trabalhar e ter motivo também"*. Ele e sua irmã, Dona Yvone, ainda frequentavam o Clube Esportivo da Penha. Dona Judith tinha sido operada da catarata e não enxergava o suficiente para ler, atividade que ela apreciava muito. Dona Francisca gostava de ler, de pintar, de ir ao teatro.

> *Se eu tiver um livro na mão... é a coisa que eu mais gosto de fazer. Se eu não tiver um livro, pego um jornal. Eu tenho uma tia que me fornece as revistas italianas. Então eu leio de cabo a rabo aquelas revistas. Depois é pintar. Não gosto muito de cozinha. Eu prefiro mais essas coisas de arte. Meu avô materno era pintor, diplomado na Itália. Depois os filhos foram pintores. (...) Meu avô tinha uma instrução elevada.*

Dona Alzira mencionou as festas de família como importante atividade de lazer. Sentia saudade de quando o marido era vivo.

> *Nos aniversários eu aprontava aquela mesa... eu gostava mesmo de cozinhar. E no Natal, então... Nossa Senhora! Eu queria fazer sozinha o almoço de Natal. Não queria ajudante. A minha casa era muito alegre... Às vezes eu fico lembrando... fico triste, porque acabou. Acabou tudo.*

Por motivos diferentes, muitos deles saíam pouco de casa para passear... uns porque ainda trabalhavam, outros devido às limitações da saúde... outros ainda por faltar companhia.

Os proventos recebidos pelos aposentados eram insuficientes para cobrir todas as necessidades na velhice. Alguns enfrentavam problemas de saúde e tinham gastos fixos com remédio.

Muitas descrições, muitos detalhes. As histórias narradas inscrevem-se na história do narrador, na do seu nascimento, vida e morte. A sedimentação do passado está ligada às relações familiares e à menor mobilidade.

> Entre as famílias mais pobres a mobilidade extrema impede a sedimentação do passado, perde-se a crônica da família e do indivíduo em seu percurso errante. Eis um dos mais cruéis exercícios da opressão econômica sobre o sujeito: a espoliação das lembranças (Bosi, 1979, p. 362).

Com esses idosos da Penha de França foi diferente. Nasceram e viveram no mesmo bairro. Embora a aposentadoria fosse pequena, a maioria não pagava aluguel. Residiam muito próximos uns dos outros, pertencendo, pois, ao mesmo "pedaço" do bairro. Alguns descendiam dos mesmos avós, vindos do Vêneto.

As relações vicinais asseguraram, ao longo das décadas, a base morfológica indispensável para determinadas atividades de lazer, como a participação em algumas festas e bate-papos informais na rua, ocasionados, na maior parte das vezes, pela permanência dos idosos na porta das casas para tomar sol, apreciar o movimento ou, o que era mais comum, cuidar dos netos que brincavam na rua. Quem descia a rua Dr. Cantinho (hoje Valentina Piva) podia encontrar alguns velhos moradores: os Srs. Euclides, Renato, Arnaldo, Dona Lídia, Dona Alzira, Dona Yvone e outros proseando com pessoas, nem sempre de suas faixas etárias, enquanto os netos, correndo de uma calçada para outra, causavam-lhes preocupações. Por isso eles interrompiam constantemente a conversa que nunca chegava a um ponto final. As relações sociais de convivência e as formas de sociabilidade correspondentes explicam essas e outras atividades de lazer que aconteciam no "pedaço".

Era na Igreja Nossa Senhora da Penha que os idosos reviam muitos amigos da mocidade. Os encontros espontâneos chegavam a funcionar como forma de controle social. A vida dos conhecidos passava pelo crivo ético dos idosos, fazendo parte do passatempo, ao lado das conversas sobre política, economia, futebol, aposentadoria etc.

Uns mais, outros menos, todos desfrutavam de atividades de lazer ligadas ao bairro. Cabe indagar: estas formas de lazer sobreviverão? Não bastasse a urbanização ter ocorrido "à custa da desagregação da 'cultura popular' e em condições que favoreceram muito pouco o influxo construtivo desta sobre a formação da 'civilização' industrial e urbana" (Fernandes, 1979, p. 29), nos últimos decênios do século XX, assistiu-se ao fenômeno da mundialização da cultura, decorrência da globalização do mercado. Entretanto, se "uma reflexão sobre a globalização, pela sua amplitude, sugere a primeira vista que se afaste das particularidades", na realidade, elas não "estão perdidas na sua totalidade" (Ortiz, 1994, p. 8).

Ao longo de sua trajetória, os idosos entrevistados tiveram suas atividades de lazer praticamente restritas ao bairro Penha de França; as condições financeiras impediam que usufruíssem das delícias proporcionadas pela cidade de São Paulo. Diferentemente dos demais, a família de Dona Francisca tinha posses. Ela apreciou ópera desde menina. Contudo, explicou que não desfrutou mais da cidade por ter sido muito reprimida pelo pai. *"Minha mãe tinha tido na juventude todas as regalias de frequentar teatro. E sempre do melhor, sempre do melhor, porque o pai levava a filharada toda pro teatro."*

Empobrecidos pelas políticas econômicas que, cruel e irreversivelmente sempre os atingiram, aposentados e velhos receberam o golpe final desfechado pelo neoliberalismo. Mas se admitirmos que a globalização do mercado os — e nos — atinge, compreendemos, também, não ser possível descartar as diferenças culturais existentes no planeta. De um lado, a crise do Estado Providência nos países de capitalismo desenvolvido e a degradação do sistema previdenciário em países como o Brasil impedem que os idosos excluídos usufruam de uma melhor qualidade de vida. De outro, os paliativos de lazer que se estendem mundialmente na proporção que a política previdenciária responde aos apelos das novas exigências do capital, não significam que tenham sido destruídas diferentes manifestações culturais.

A aposentadoria inaugura a idade do lazer? Esta indagação se opõe à diversidade de situações vividas pelos idosos na sociedade de classes. Experiência que não se abre a todos, na medida em que muitos trabalham até o fim da vida, a forma de preenchimento do tempo livre após aposentadoria depende dos hábitos cristalizados, dos proventos recebidos, das condições físicas e psicológicas, das relações familiares etc. O lugar ocupado pelo trabalho durante a vida produtiva é decisivo na qualidade do fim da vida na velhice.

* * *

No período de agosto de 1995 a julho de 1997, convivi com idosos diferenciados de outros idosos pobres por terem trabalhado, na condição de foliões do Divino, para a realização da Festa do Divino Espírito Santo, antiga tradição profano-religiosa. Nasceram no mundo rural e permaneceram nas mesmas cidades paulistas do Alto Paraíba, São Luiz do Paraitinga e Cunha.[11]

A escolha dos foliões do Divino, bastante idosos, deveu-se ao fato de que suas lembranças do passado, as músicas por eles cantadas, as formas como desfrutavam do tempo livre, o significado da Festa do Divino em suas vidas abririam espaço para o conhecimento da velhice de personagens que viviam num universo de relações econômicas e sociais muito específico. Além disso, poderiam ser alguns dos poucos representantes vivos de uma cultura em processo de extinção, a cultura caipira.

Conforme Antonio Candido, a cultura caipira era "ligada a formas de sociabilidade e de subsistência que se apoiavam, por assim dizer, em soluções mínimas, apenas suficientes para manter a vida dos indivíduos e a coesão dos bairros" (Candido, 1975, p. 51). O autor aponta como características dessa cultura: o isolamento, a posse da terra, o trabalho doméstico, o auxílio vicinal, a disponibilidade de terras e a margem de lazer (Candido, 1964).

De acordo com Martins (1975, p. 106), "são as relações econômicas aquelas pelas quais concretamente se determina a cultura caipira". Segundo ele, as relações econômicas não podem ser confundidas com as típicas relações de mercado, uma vez que "a mercadoria da sociedade caipira é o excedente e a sua economia é a economia do excedente, que engendra a sociedade e a cultura do excedente". A vida material, social e cultural do caipira é marcada pela espoliação. Longe de estar à margem do 'mundo' é, na realidade, mediada

> pelos resultados da atividade 'fora' da economia do excedente. (...) O excedente procede a uma exclusão integrativa do caipira na sociedade

---

11. *A tradição dos oprimidos: a velhice de velhos caipiras*. Pesquisa financiada pelo CNPq (agosto de 1995 a julho de 1997) que, inclusive, concedeu-me três bolsistas, cuja participação foi muito importante ao longo de todo levantamento empírico: Luciana Conti Jardim (Bolsa de Aperfeiçoamento), Jaqueline Aparecida dos Santos (Bolsa de Iniciação Científica) e Ana Rosa Toledo de Andrade (Bolsa de Iniciação Científica). Vale registrar que Ana Rosa Toledo de Andrade é luisense. Foi ela quem nos introduziu na cidade de São Luiz do Paraitinga, devido a suas redes de relações sociais, e também na cidade de Cunha. Sou muito grata às três companheiras.

capitalista; justamente porque não é produzido como mercadoria, não implica necessariamente na interdependência e nas relações implícitas na divisão do trabalho, mas porque é demandado como mercadoria necessária, sob essa forma de produção sem custos (especialmente monetários) (Martins, 1975, p. 107).

Acrescente-se ainda que o "ciclo do cotidiano" do caipira é marcado pelo "ciclo da natureza" e pelo "ciclo das comemorações litúrgicas do catolicismo", cujas regularidades "combinam-se em função do trabalho rural, da atividade humana sobre a natureza" (Martins, 1975, p. 108).

A Festa do Divino Espírito Santo não é comemorada na mesma data nas diferentes regiões em que tem lugar. O que pesa não é o calendário religioso e sim o ciclo agrícola local.

A música, sempre presente, é abundante na Folia do Divino, a qual precede a realização da Festa. A Folia é composta de tocadores de viola, rabeca, caixa, triângulo e adufe. O festeiro costuma contratar seus serviços para manter a Folia. O mestre conhece todo o roteiro da Folia, além de dominar obrigatoriamente o universo musical que acompanha o ritual. Uma pessoa de sua confiança é escolhida para desempenhar o papel de alferes.

Durante o dia, os foliões visitam as casas de um bairro rural da cidade, às vezes distantes alguns quilômetros umas das outras. O alferes vai à frente, carregando a bandeira do Divino,

> um estandarte com o Divino Espírito Santo bordado ou pintado tem caráter sagrado, e beijá-la é dever de todos, para isso sendo levada a cada um dentro da casa. Nesse ritual são feitos pedidos de graças, em geral de um bom ano para o gado e a lavoura, e são feitas promessas de retribuição com o produto do trabalho (Martins 1975, p. 111).

As visitas são feitas ao som da música e todo o ritual é obedecido. O alferes recolhe e registra as ofertas e as esmolas em todas as casas percorridas.

A Folia do Divino levava por volta de um ano. Quando da realização da pesquisa, durava apenas uns meses. Muitas propriedades que pertenciam aos pequenos proprietários rurais foram sendo vendidas para indivíduos da classe média, residentes em cidades maiores, inclusive em São Paulo, cuja aquisição é feita em nome do sossego local. Com isso, o número de casas visitadas diminuiu e, por decorrência, o dinheiro arrecadado com a esmola concedida pelos moradores também: *"os de fora"* não estão envolvidos nessa tradição.

A esmola é que mantém a Festa do Divino, junto com as ofertas (bezerros, vacas, porcos, galinhas) fundamentais para o afogado, o grande almoço oferecido à população da cidade. Quem vem de outras cidades também desfruta gratuitamente da deliciosa comida feita pelos moradores.

A Festa do Divino atrai muita gente de outras cidades. Paulatinamente, foi se tornando espetáculo. Se as formas de lazer e as festas estão mudando, tragadas pelo reino da mercadoria, o que resta do passado, compreendendo-se a cultura caipira como um "estilo no seio da miséria e da opressão"? (Lefebvre, 1991, p. 45). Se a obra quase desapareceu, substituída pelo produto, como viviam no final do século XX os foliões do Divino que, de personagens, viravam coadjuvantes? O que foram sendo e deixaram de ser na trajetória de sua existência? Como sobreviviam na velhice? Essas e outras indagações nortearam este estudo, tão importante para mim, não somente em decorrência dos meus interesses ligados às ciências sociais, mas também em razão das minhas lembranças familiares. Meu pai amava a cultura caipira: a moda de viola, o cururu, os desafios, as músicas, as danças, as festas, as poesias, tendo sido um grande admirador do folclorista Cornélio Pires. Todos os anos íamos até a beira do rio para assistir ao encontro das canoas do Divino, na cidade em que residíamos: Tietê.

Os foliões do divino que envelheceram e com os quais tive contato sempre foram muito pobres. Na velhice, sobreviviam com um salário mínimo de aposentadoria.

Um dos antigos foliões de São Luiz do Paraitinga contou que, quando mudou do meio rural para a cidade, tornou-se folião do Divino. Em seu depoimento, pobreza e Folia apareceram juntas. A pobreza levou-o a trabalhar para a Folia do Divino, a qual, por sua vez, foi o remédio para a fome. *"Sou pobre até hoje, mas não sofrido como antes. Era muito mais."* Segundo ele, os velhos foliões estavam falecendo. Explicou que todos os seus mestres não estavam mais vivos. *"Morreram todos"*, acrescentando: *"dos foliões da minha época existe hoje eu, meu irmão que tem um carrinho de pipoca e um sujeito que sempre vive no mercado... um tal de Teodoro."*

Durante as festividades de encerramento da festa do Divino Espírito Santo, em maio de 1996, foi possível acompanhar as manifestações profano-religiosas da população luisense, assim como conhecer e gravar os depoimentos de um dos mestres de Folia mais conhecido na região: Dito Gerardo.

Natural e residente em Cunha, o velho folião estava aposentado. Faleceu alguns dias depois dos depoimentos gravados. Um derrame ocorrido cerca de nove meses antes tinha deixado sua marcas. Sua fala estava um tanto comprometida, sua agilidade também. Seu pai e tio tinham sido, respectivamente, capitão e rei de Moçambique. Nasceu, portanto, numa família que cultivava o gosto pela música e pela dança. Dito Gerardo cantou em 29 Folias do Divino. *"Quando não tinha Folia, eu ficava na roça plantando milho, feijão e roçando pasto."* Devido à doença, ele tinha parado de dançar Moçambique. Manifestou satisfação de trabalhar suas lembranças, mas tristeza quando falou sobre isso. Continuando, explicou que estava difícil pagar os foliões do Divino.

> *É o festeiro quem paga. A prefeitura ajuda também. Mas os foliões não chegam a se aposentar. Eu cantei na Folia esse tempo todo. Ameaçou derrame e eu não podia me aposentar. Nunca tive INPS. Acabei aposentado no FUNRURAL, naquela lei. Agora tá difícil... Os foliões não se aposentam.*

A sociedade capitalista oprime o trabalhador velho, impede-o de viver dignamente, condenando-o à degradação e à pobreza. Referindo-se aos trabalhadores idosos, como uma parte da classe trabalhadora na atualidade, Solange Maria Teixeira (2008, p. 79-80) afirma que eles não são sequer explorados, são os supérfluos para o capital; a camada lazarenta da classe trabalhadora, compondo o pauperismo oficial cuja situação é decorrente do modo de produção e reprodução capitalista, condição social que não afeta a todos os idosos (e a todas as classes) da mesma forma, nem em termos de expectativa de vida, em condições de vida, nem no modo de vivenciar o envelhecimento.

Submetido aos imperativos capitalistas, o diagnóstico apresentado pelos ideólogos da realidade vivida pelos velhos aparece ligado aos problemas gerados pelo desenvolvimento; apela para os efeitos da industrialização e da urbanização, das transformações na família, do conflito de gerações etc., silenciando-se sobre o processo de envelhecimento, a desigualdade social, a exploração, a luta de classes, os baixos salários, a precariedade da saúde... A política da integração é apontada como capaz de colocar fim à vulnerabilidade dos velhos, de reinseri-los na sociedade, de garantir sua autonomia, de proporcionar-lhes um envelhecimento ativo. Motiva os idosos a novas atividades, novos movimentos, novas ocupações, etc. Enfim, em seus princípios doutrinários se escondem as relações sociais mediadas pela mercadoria.

Ao longo desses anos, a convivência com velhos trabalhadores foi muito significativa para mim, carregada de afeto, de momentos sofridos e de alegria, de amizade. Poucos ainda vivem. Ficaram seus nomes e as lembranças do vivido. As longas gravações e as fotos estão devidamente guardadas e conservadas. Fazem parte do meu trabalho, da minha vida, das minhas recordações. Já decidi que, mais adiante, talvez logo mais, irei doá-las a uma instituição ligada à pesquisa que arquive seus depoimentos e os tornem disponíveis à consulta. Por enquanto, ao mesmo tempo em que vivo a velhice, continuo trabalhando. Ecléa Bosi soube expressar o significado profundo dessa busca.

O velho, de um lado, busca a confirmação do que se passou com seus coetâneos, em testemunhos escritos ou orais, investiga, pesquisa, confronta esse tesouro de que é guardião. De outro lado, recupera o tempo que correu e aquelas coisas que quando perdemos nos sentimos diminuir e morrer (Bosi, 1979, p. XX)

Encerro esta apresentação preocupada com a situação de grande parte da população brasileira, com a punição aplicada aos aposentados e pensionistas, com a sobrevivência da velhice sob as determinações do capitalismo brasileiro.

A PEC 241 (agora PEC 55), defendida pelo atual governo, congela o gasto público durante 20 anos, reajustando-o *conforme a variação da inflação do ano anterior*. Se aprovada, a PEC da Morte irá sucatear os serviços públicos e provocar significativos danos à saúde, educação e assistência social, retirando direitos conquistados pelos trabalhadores. As privatizações dilapidarão o patrimônio público. Para que ela se sustente, há necessidade da reforma da previdência, razão por que o novo regime fiscal antecede as mudanças previdenciárias. Conforme Queiroz (2016), "a PEC 241 é gatilho para a reforma da previdência".

Embasado no argumento defendido pelos tecnocratas neoliberais, representados por Henrique Meirelles, atual Ministro da Fazenda, o presidente em exercício, Michel Temer, buscando convencer a população, tem insistido que a reforma da previdência é uma medida preventiva necessária e urgente. Segundo ele, o aumento da população idosa e da longevidade impedirá que o Estado, num futuro próximo, mantenha seus compromissos com os beneficiários da Previdência Social. A ameaça é evidente. Todavia, paralelamente, alguns pesquisadores têm esclarecido que a justificativa para a reforma da previdência fundamenta-se em argumentos falsos em virtude do seu *superávit* ser muito maior do que o proclamado pelo governo.

Os recursos arrecadados poderiam, isso sim, ser aplicados para melhorar as condições de vida dos aposentados e pensionistas subsidiados pelo Estado. Mas a política neoliberal impede quaisquer acréscimos que as classes trabalhadoras e outros grupos subalternos possam obter.

A Previdência Social no Brasil foi estudada por Denise Lobato Gentil, professora e pesquisadora do Instituto de Economia da Universidade Federal do Rio de Janeiro. Os resultados da pesquisa, sob o título *A falsa crise da Seguridade Social no Brasil: uma análise financeira do período 1990–2005*, foram apresentados como tese de doutorado. Em 10 de janeiro de 2016, a investigadora, entrevistada por Corynto Baldez, esclarece que, na segunda metade da década de 1970, foi propagada a ideia de falência dos sistemas previdenciários públicos e, com a crise econômica dos anos 1980, os ataques às instituições do *welfare state* foram reforçados. A seguir, explica o artifício contábil utilizado para distorcer os cálculos oficiais (Haddad, 2017).

> Tenho defendido a ideia de que o cálculo do déficit previdenciário não está correto, porque não se baseia nos preceitos da Constituição Federal de 1988, que estabelece o arcabouço jurídico do sistema de **Seguridade Social**. O cálculo do resultado previdenciário leva em consideração apenas a receita de contribuição ao Instituto Nacional de Seguridade Social (**INSS**) que incide sobre a folha de pagamento, diminuindo dessa receita o valor dos benefícios pagos aos trabalhadores. O resultado dá em *déficit*. Essa, no entanto, é uma equação simplificadora da questão. Há outras fontes de receita da Previdência que não são computadas nesse cálculo, como a **Cofins** (Contribuição para o Financiamento da Seguridade Social), a **CSLL** (Contribuição Social sobre o Lucro Líquido), a **CPMF** (Contribuição Provisória sobre Movimentação Financeira) e a receita de concursos de prognósticos. Isso está expressamente garantido no artigo 195 da Constituição e acintosamente não é levado em consideração (Gentil, 2016).

Relatou, também, que ao levantar o período correspondente a dezesseis anos, de 1990 a 2006, constatou que havia *superávit* operacional ao longo dos anos, sendo que, em 2006, havia sido de R$1,2 bilhão. Contudo, o *superávit* da Seguridade Social, por abranger a Saúde, a Assistência Social e a Previdência, foi muito maior. "Em 2006, o excedente de recursos do orçamento da Seguridade alcançou a cifra de R$72,2 bilhões. Uma parte desses recursos, cerca de R$38 bilhões, foi desvinculada da Seguridade para além do limite de 20% permitido pela DRU (Desvinculação das Receitas da União)" (Gentil, 2016).

Analisando os dados retirados da Execução Orçamentária da União, comprovados como anexo no final da tese (Gentil, 2006, p. 246-357), a autora apresenta suas conclusões (Gentil, 2006, p. 228-237), dentre as quais:

- o sistema de seguridade social é financeiramente sustentável e apresenta grande potencial para a expansão de gastos sociais;
- a previdência gerou *superávit* operacional durante onze dos dezesseis anos investigados;
- a metodologia utilizada para a aferição da crise da previdência é questionável, uma vez obter o resultado financeiro da instituição baseando-se apenas no cálculo previdenciário. Essa manobra contábil, adotada pelos formuladores das políticas econômicas dos anos 1990, fere o que determina a Constituição de 1988, isto é, que no cálculo estejam incluídas todas as receitas vinculadas à previdência;
- como decorrência de o governo federal não gerar *"demonstrativos financeiros e contábeis específicos do orçamento da seguridade social"*, não é revelado o fato de que um expressivo excedente de recursos produzidos pelo sistema é desviado para o orçamento fiscal e empregado em outras despesas, inclusive juros e amortização da dívida pública, *"em proporções superiores aos limites permitidos pela desvinculação das receitas da União"* (DRU);
- o excedente de recursos elevou-se de R$4,3 bilhões em 1995, para R$58,1 bilhões, em 2005;
- mesmo em fase de reduzido crescimento econômico ocorreu uma grande capacidade de geração de receitas e baixa aplicação de recursos na seguridade social;
- uma parte considerável de recursos é desviada, sendo empregada no orçamento fiscal (Haddad, 2017).

Financia despesas, inclusive juros e amortização da dívida pública, destina-se ao pagamento de aposentadorias e pensões do regime próprio dos servidores públicos, que é atribuição do Tesouro Nacional e não do INSS. E, por fim e mais grave, uma parte dos recursos da seguridade social não recebe nenhum tipo de aplicação que possa ser constatada através dos relatórios de execução orçamentária, ou seja, é 'esterilizada' pelo Tesouro Nacional (Gentil, 2006, p. 231).

Enfim, no cenário marcado pela prática neoliberal, os recursos que deveriam ser empregados na previdência, na saúde e assistência social são desviados para a acumulação financeira. Favorecido pela política econômica de juros altos e a ideologia da quebra da previdência, o setor financeiro defende "a política fiscal restritiva, que reduz as despesas correntes do governo federal, entre elas os gastos com a seguridade (com alvo na previdência), reservando grande parte dos recursos orçamentários para a acumulação financeira" (Gentil, 2006, p. 234).

Em 6 de outubro de 2016, outra contribuição importante foi veiculada: "O falso déficit previdenciário". O autor do artigo, Ricardo Patah, é Presidente Nacional da União Geral dos Trabalhadores/UGT. Segundo ele, "os trabalhadores não são responsáveis pelos desacertos da Previdência Social. Não podem pagar a conta, portanto, como quer o governo" (Patah, 2016, p. 3). Cobra do governo o orçamento de seguridade social, como previsto na Constituição. Refere-se, também, ao fato de, nos estados brasileiros onde a média de vida é menor, é possível que grande parcela da população não chegue a se aposentar. Além disso, a inserção dos brasileiros no mercado de trabalho ocorre muito cedo, diferentemente dos países que investem na educação. A Previdência Social, assim como outras instituições, é *"mal administrada"*. "Dizem que é deficitária, mas não é verdade. Os números da seguridade são positivos. Acumularam, de 2007 a 2015, um saldo de R$439,503 bilhões" (Patah, 2016, p. 3). Afirma, ainda, que o saldo seria muito maior se consideradas as desonerações e renúncias fiscais. Conforme divulgado pela Receita Federal, em 2016, ocorrerá R$143,182 bilhões de desonerações do orçamento da seguridade social, "dinheiro que não entrará nos cofres da Previdência". E acrescenta: "A Constituição de 1988 determina que a receita e as despesas da seguridade social devem formar um orçamento próprio, separado, portanto, do orçamento fiscal do governo. Como a lei não é obedecida, embaralha-se tudo. Fica fácil montar uma gigantesca farsa contábil" (Patah, 2016, p. 3).

Sob o jugo do capitalismo, imperam os interesses da classe dominante. Somente a concretização de um projeto revolucionário poderá romper as algemas capital-trabalho, levando à superação do capitalismo.

São Paulo, 30 de novembro de 2016
Eneida G. de Macedo Haddad

Referências

BOSI, Ecléa. *Memória e sociedade*: lembranças de velhos. São Paulo: T.A. Queiroz, 1979.

BRAGA, J. C. de S.; PAULA, S. G. de. *Saúde e Previdência*: estudos de política social. 2. ed. São Paulo: Hucitec, 1986.

CANDIDO, Antonio. *Os parceiros do Rio Bonito*. Rio de Janeiro: José Olympio, 1964.

_____. O caipira e sua cultura. In: FERNANDES, Florestan. *Comunidade e sociedade no Brasil:* leituras básicas de introdução ao estudo macro-sociológico do Brasil. 2 ed. São Paulo: nacional, 1975.

CHAUI, Marilena. *Conformismo e resistência. Aspectos da cultura popular no Brasil*. São Paulo: Brasiliense, 1986.

FERNANDES, Florestan. *Folclore e mudança social na cidade de São Paulo*. 2 ed. Petrópolis: Vozes, 1979.

GENTIL, Denise Lobato. Em tese de doutorado, a pesquisadora denuncia a farsa da crise da Previdência Social no Brasil forjada pelo governo com apoio da imprensa. Entrevista por Corynho Baldez. In: *Revista IHU ON-LINE*. Financeirização, Crise Sistêmica e Políticas Públicas, Revista do Instituto Humanitas UNISINOS. 13 de janeiro de 2016.

GENTIL, Denise Lobato. *A política fiscal e a falsa crise da seguridade social brasileira — Análise financeira do período 1990-2005*. Tese (doutoramento) — Instituto de Economia da Universidade Federal do Rio de Janeiro. Rio de Janeiro, 2006.

HADDAD, Eneida Gonçalves de Macedo. *A ideologia da velhice*. São Paulo: Cortez, 1986.

_____. *O direito à velhice:* os aposentados e a previdência social. São Paulo: Cortez, 1993.

_____. O contexto neoliberal e suas refrações na questão do envelhecimento. In: TEIXEIRA, Solange Maria (Org.). *Envelhecimento na sociabilidade do capital*. Campinas: Papel Social, 2017. (No prelo)

HARVEY, David. *17 contradições e o fim do capitalismo*. São Paulo: Boitempo, 2016.

LEFEBVRE, Henri. *A vida cotidiana no mundo moderno*. São Paulo: Ática, 1991.

_____. *Critique de la vie quotidienne I*. Introduction. Paris: L'Arche Editeur, 1958.

MARTINS, José de Souza. *Capitalismo e tradicionalismo:* estudos sobre as contradições da sociedade agrária no Brasil. São Paulo: Pioneira, 1975.

MIGUEL, Luis Felipe. *Transição à ditadura*. Artigo baseado na intervenção feita na mesa-redonda "Conjuntura política", em outubro de 2016, durante o 40º Encontro da Associação Nacional de Pesquisa e Pós-Graduação em Ciências Sociais — Anpocs. Publicado no blog da Boitempo, 28 de out. de 2016.

OLIVEIRA, Francisco de. Neoliberalismo à brasileira. In: SADER, Emir; GENTILI, Pablo (Orgs.) *Pós-neoliberalismo:* as políticas sociais e o Estado democrático. Rio de Janeiro: Paz e Terra, 1995.

ORTIZ, Renato. *Mundialização e cultura*. 2 ed. São Paulo: Brasiliense, 1994.

PAIVA, Sálvea de Oliveira Campelo e. *Envelhecimento, saúde e trabalho no tempo do capital*. São Paulo: Cortez, 2014.

PATAH, Ricardo. O falso déficit previdenciário. *Folha de S.Paulo*. São Paulo, 6 de outubro de 2016.

QUEIROZ, Antônio Augusto de. PEC 241 é gatilho para a reforma da previdência. In: SINPRO NOTÍCIAS, 10 out. 2016. Disponível em: http://www.diap.org.br/index.php/noticias/artigos/26365-pec-2421-e-gatilho-para-reforma-da-previdencia. Acesso em: 10 out. 2016.

TEIXEIRA, Solange Maria. *Envelhecimento e trabalho no tempo do capital:* implicações para a proteção social no Brasil. São Paulo: Cortez, 2008.

Apresentação

A velhice dos velhos

Os padrões culturais, que dimensionam idades e fornecem critérios à sociedade para legalizar faixas etárias e operar com elas, constituem questões de grande interesse para os cientistas sociais. Foi o que se deu, como exemplo, com a evidência assumida pelas questões provocadas pela juventude nos anos 1960.

A infância, por seu lado, tem merecido a maior atenção desses especialistas a ela voltados, seja por causa da educação escolar, seja em razão de saúde e programas de vacinação, seja pelo que possa estar no bojo abrangente das estatísticas.

E a velhice? Esta é familiar aos estudiosos de sociologia e, particularmente, de antropologia, que investigam sociedades — tribais e rurais —, em que a validade da tradição e da experiência de vida, que a idade proporciona, ainda não foi substituída pelo valor de especializações inovadoras.

Acontece, contudo, que se as sociedades atuais tendem a ser antes urbanas que rurais, nelas a proporção dos mais velhos tende também a crescer. E cresce, embora aí até as mais fundamentais condições de vida, como o morar e o locomover-se, se tornem adversas aos mais idosos, e levem estes a se verem transformados em empecilhos aos compromissos e desempenhos ocupacionais de jovens e adultos de sua própria família. É o que vem ocorrendo no Brasil, país em que a Previdência é uma quimera e a situação de aposentado pode resultar numa cruel condenação a vicissitudes.

Eneida Gonçalves de Macedo Haddad investiu anos de estudos na questão da velhice no Brasil. Ao fazê-lo, ela combinou, com rara habilidade, o rigor de cientista social e o calor do ser humano interessado em seu semelhante. O resultado dessas investigações assegurou-lhe o mestrado num programa de Antropologia Social da Universidade de São Paulo e sai agora em livro.

O alvo do trabalho não é caracterizar e descrever a velhice, enquanto tal. Por sinal que essa conceituação ainda se revela um tanto aproximativa. O que ela estudou foi a *Ideologia da Velhice*, conforme o título do livro; a construção de um segmento populacional, enquanto faixa etária, de acordo com duas ordens de discursos competentes: o da ciência e o do Estado. Aquele primeiro formulado pela geriatria, que se dedica a estudar o velho, e pela gerontologia, que estuda o envelhecimento em seus "aspectos biológicos, psicológicos, sociais e econômicos". O discurso do Estado se expressa por "leis, decretos, portarias etc.", em que a preocupação com o idoso, por via da Previdência Social, se acentua a partir dos anos 1960.

A análise da autora explicita intenções e objetivos apreendidos por ela nessas duas ordens de discurso. As duas ciências médicas da velhice têm grande interesse em traçar com clareza o perfil do idoso, programando-lhe o modo de ser — da resistência e harmonia do físico, ao equilíbrio e eficiência mental, com os temperos humorais pretendidos. Ao mesmo tempo que elas prescrevem como e para que envelhecer, também se equipam para programar e executar programas adequados aos alvos que estabelecem. Já o Estado especifica direitos e prerrogativas, calibrando as concessões legais. A marcha de implantação dessas medidas legais percorre diversas etapas e se caracteriza pela sinuosidade das alterações e especificações de cada dado do problema.

O percurso dessas duas ordens de ordenação no Brasil, a científica — da medicina —, e a política — do Estado —, por vezes se harmoniza. É o que se dá quando este encontra naquela subsídios indicativos com que definir prerrogativas do velho e com os quais prescrever-lhe os limites; e esta recolhe da atenção do Estado para com a velhice um aliado a seu esforço em investigá-la e aprofundar seu saber a respeito. Mas os atritos não são impossíveis e nem sempre muito velados; seja porque ciência e Estado não encontrem reciprocidade de apoios e colaborações na medida do esperado; seja porque essas instituições se considerem respectivamente as mais legítimas responsáveis pelo velho e as mais capazes de exercer essa tutela, o que as leva à disputa para definir qual delas tem primazia e a qual compete o papel de colaboração no trato com os problemas da velhice. Nessa disputa elas se articulam a entidades, tendências e disposições de âmbito internacional, com o difícil e nem sempre bem resolvido compromisso de adequar o que se faz lá fora com as peculiaridades nacionais, aqui de dentro.

Tais dados permitem à autora mostrar quanto o velho vai sendo subordinado às ciências médicas, que o conceituam e dimensionam; e pelo Estado, que o conforma às leis — tudo isso sem que o velho possa ser o sujeito das próprias condições a que deve ser reduzido, ainda que, sem dispor de recursos, o idoso tenha experiência e lucidez para almejar. Mas isso é o ocorre com os idosos que caem nas malhas dos dispositivos institucionais que os devem proteger e guiar. E como fica a situação daqueles outros idosos — ainda em bom estado de saúde física e mental, com bom nível de instrução e dispondo de recursos de sustentação em alto nível? Será que o velho, nesta ou naquela outra situação, não teria o que dizer a respeito de sua própria situação e em favor de seu próprio atendimento?

Indagações como estas, que o trabalho de Eneida Gonçalves de Macedo Haddad tem o mérito de suscitar, constituem outros tantos desafios a essa estudiosa competente e empenhada, de quem já se pode esperar novas e consequentes contribuições. Esperemos.

São Paulo, 21 de março de 1986
Teófilo de Queiroz Jr.

Introdução

Este trabalho tem por objeto de estudo a ideologia da velhice. Procura conhecer a produção do sistema de representações — ideias, noções, valores, normas etc. — criado sobre a etapa final da vida humana, através da compreensão de três ordens de discursos: o discurso produzido pelas especialidades autorizadas — a gerontologia e a geriatria; o discurso do Estado brasileiro no que se refere à assistência aos idosos; e, finalmente, o discurso que embasa os denominados "programas" criados pelo Serviço Social do Comércio (SESC) com o objetivo de educar os indivíduos para a velhice.

1. Um relato pessoal

Meus ascendentes paternos e maternos, muito pobres, viveram com muita dificuldade. A história de vida dos velhos da minha família, seu cotidiano, forma de vida e fim de trajeto em nada se assemelham às receitas prescritas pelos atuais programas educativos para idosos. Minha avó materna, filha de ricos proprietários de terra, ao ficar viúva com oito filhos menores foi "perdendo" suas propriedades, restando-lhe duas casas. A melhor das casas alugara para a Delegacia de Polícia local. Passou a trabalhar para fora vendendo o que sabia fazer: doces, "quitandas" e crochês. Chorou a vida inteira a sua viuvez, aos 32 anos. Morreu aos 64 anos. Para ela, a vida foi dura. Quando já velha, ainda trabalhava nos crochês, vivendo um pouco com cada filho e, nos últimos anos, com a filha mais nova. Não podia manter uma casa. Por outro lado, a vida da minha avó paterna — italiana, de Veneza — sempre me pareceu mais difícil. Viúva com cinco filhos — três a menos que a avó Mariana —, encontrou nas atividades de lavar e passar roupa para as famílias de posse do bairro da Penha de França a única forma de garantir a comida dos filhos. Não pagava aluguel, pois possuía uma casa, herança do pai. Mas a alimentação era difícil de ser conseguida. Minha avó materna, vivendo em Patrocínio Paulista onde cunhados e irmãos eram proprietários de terra, sempre dispusera de tudo que a natureza dava, enquanto a avó italiana — Narcisa — só contava com o dinheiro da prestação de serviços. Trabalhou muito. A técnica de lavar roupa era penosa. Depois de ensaboada e esfregada, a roupa era colocada para quarar. E precisava ficar cuidando, molhando para que não queimasse. As peças mais sujas e resistentes eram fervidas no fogão à lenha, mais tarde substituído pelo fogão a carvão. As roupas brancas, depois de enxaguadas, eram passadas no anil.

À medida que as crianças cresciam, a avó Narcisa colocava-as para trabalhar. O "dinheiro era pouco, mas sempre deu", ela fazia questão de frisar. Quando ficavam mocinhos, os filhos iam estudar na única escola particular que havia no bairro, de propriedade do professor José Pedro Ferreira, que mantinha estreitas relações de amizade com a minha família. Havia sido aluno do meu tataravô paterno, Floriano Gonçalves de Macedo, que vinha a cavalo do bairro do Macedo, município de Guarulhos, dar aulas na Penha de França. A avó Narcisa achava que o 4º ano primário era muito pouco. Ambicionava mais para os filhos. A escola do professor José Pedro, além de ter fama de ensinar, apresentava outra vantagem: funcionava também à noite. Assim, durante muitos anos ela lavou, passou e engomou as roupas de toda a família do proprietário da escola em troca de aulas para os filhos.

O corpo da minha avó denunciava o peso do trabalho no tanque. Encurvou-se cedo, a pele era muito enrugada, as mãos judiadas. Nunca demonstrou vaidade. O excesso de trabalho não lhe permitia preocupar-se consigo. Faleceu aos 81 anos, lúcida e sofrida com a morte de um dos seus filhos.

Viveu, até o fim, com uma magra aposentadoria que passara a receber com a morte do seu segundo marido. Casara-se novamente, segundo explicava, com um homem que, "além de muito bom", tinha na época "emprego garantido": era funcionário dos Correios e Telégrafos de São Paulo. Mas a vida em comum durou pouco tempo. O marido ficou doente e passou no hospital os últimos dez anos de sua vida. A avó Narcisa ia visitá-lo sempre, aos domingos — único dia em que era permitida a visita —, levando-lhe aquilo que gostava de comer.

Vó Cisa conversava muito; sua casa era frequentada por amigos e parentes. À noite o bate-papo ia até tarde, quando ela contava muitos casos. De memória prodigiosa, relembrava fatos da Primeira Guerra Mundial, das revoluções de 1924, 1930 e 1932, da Segunda Guerra Mundial, e de tantos outros eventos que se fixaram em sua memória, como a atuação dos anarquistas no início do século e a perseguição que lhes fora movida. Rememorava, também, sua infância, a dos filhos, e a vida provinciana de São Paulo daquela época, principalmente a do bairro da Penha, para onde veio aos quatro anos.

Vivia sempre nos aconselhando sobre as coisas mais variadas. Às vezes, um ou outro oferecia resistência aos seus ensinamentos, mas ela jamais desistia. Quando já bem idosa, quase cega, pouco antes de falecer, explicava-me como deveria fazer a sopa dos meus filhos, proceder para que eles não se machucassem, dividir o dinheiro para que desse para tudo etc.

Durante muitos anos, a feira livre de domingo aconteceu em sua rua e ela gostava de ficar na porta apreciando o movimento. Amiga dos feirantes que vendiam no trecho, costumava abrigar os biscateiros sem licença que, avisados da chegada do fiscal, enrolavam apressadamente suas mercadorias, geralmente num pano, e corriam para o corredor da casa da "avó". Água e limonada não faltavam para servir ao "pessoal da feira".

Era muito conhecida e respeitada no bairro. De inteligência lúcida e memória invejável, foi procurada até perto de sua morte para ajudar a localizar no tempo alguns fatos que haviam se perdido. Filhos de amigos da mocidade recorriam à sua memória para saber, por exemplo, a data de casamento ou morte dos pais para a procura de documentos na Cúria Metropolitana de São Paulo. Também os párocos da Igreja da Penha recorreram muitas vezes a ela para localizar no tempo algum evento perdido.

Esta foi a avó com quem mais convivi. Sempre atuante, acompanhou com muito interesse meu curso de ciências sociais no qual, lentamente, fui compreendendo a questão da desigualdade social e, por extensão, aprendendo a desvendar o segredo da dominação.

2. Quando os velhos se transformam em objeto do saber

Parti do pressuposto de que a problemática social da velhice no interior do modo capitalista de produção — entendendo-se que este é, ao mesmo tempo, modo capitalista de pensar (Martins, 1980) — não pode ser estudada como questão à parte. Compreendo que a ideologia da velhice é elemento fundamental à reprodução das relações capitalistas. Na medida em que a produção das relações capitalistas implica a reprodução de ideias, valores, princípios e doutrinas, o conjunto de representações sobre a etapa final da vida humana é organizado segundo as determinações básicas do modo capitalista de produção. As sociedades capitalistas, transformando as pessoas em mercadorias, condenam o trabalhador à degradação durante toda a trajetória de sua vida. Paradoxalmente, são crescentes as propostas de reparos para a tragédia dos velhos que vêm, na realidade, escamotear a problemática da exploração da mão de obra. A ideologia da velhice é, pois, entendida como parte essencial do funcionamento das sociedades capitalistas, cuja contradição principal é a sua divisão em classes sociais.

Entretanto, esta pesquisa se refere à análise da ideologia da velhice tal como ela se propaga numa sociedade capitalista determinada — a sociedade brasileira —, não confrontada com outras da mesma formação social ou de formações sociais diferentes.

A IDEOLOGIA DA VELHICE

Mas, tratando-se de um estudo compreensivo, todas as referências ao modo de produção, luta de classes, alienação e outras categorias próprias das sociedades capitalistas encontram razão de ser na análise do objeto de estudo em questão.

As propostas para a melhoria das condições de vida dos velhos, enquanto integrantes da ideologia da velhice, amparam-se na ideia de que, sendo crescente o aumento de idosos, é preciso lutar no sentido de beneficiar essa parte esquecida da sociedade.

Consultando-se os dados do IBGE, pode-se constatar que, no Brasil, nas últimas duas décadas tem sido, de fato, acelerado o processo de crescimento da população considerada idosa.

Ano	População total	População de 60 a 64 anos		População de 65 a 69 anos		População de 70 anos ou +	
		N	%	N	%	N	%
1960	70.191.370	1.402.962	2,00	787.676	1,12	1.140.358	1,62
1970	93.139.037	1.791.127	1,92	1.216.510	1,31	1.708.571	1,83
1980	119.002.706	2.445.585	2,06	2.028.926	1,70	2.741.506	2,30

Esse crescimento fica mais evidente na tabela seguinte, na qual se tem o total de habitantes no país e o total de habitantes com 60 anos ou mais.

Ano	População total	População com 60 anos ou mais	
		N	%
1960	70.191.370	3.330.996	4,75
1970	93.139.037	4.716.208	5,06
1980	119.002.706	7.216.017	6,06

Em 1960, 1970 e 1980 são encontrados os percentuais de 4,75%, 5,06% e 6,06% de idosos, respectivamente, em relação à população total do país. O percentual de 1970, comparado com o de 1960, mostra um incremento de 0,31 e o percentual de 1980, comparado com o de 1970, demonstra um incremento de 1,00. Estes incrementos representam um aumento de 41,59% e de 53,00% nos totais de idosos, respectivamente, enquanto a população geral, nesses mesmos períodos, aumentou 32,69% e 27,77%, respectivamente.

> Crescendo numericamente,
> os velhos se tornam objeto de estudo.
> As propostas aparecem
> pela boca da "ciência", do Estado, dos meios de comunicação...
> Enquanto isso a história não se altera.
> Não mudando a história do trabalhador,
> Não muda a história do menino,
> Não muda a história do velho,
> Não muda a história do homem.

O aumento da população de pessoas idosas poderia sugerir a sua associação com o aumento da esperança média de vida da população brasileira, indicador social da melhoria da qualidade de vida e de bem-estar social. Entretanto, mesmo aqui é preciso fazer ponderações. Por um lado, ainda que se tenha elevado a esperança média de vida, isso não significa que tenham melhorado as condições objetivas de vida da classe trabalhadora. Por outro lado, o crescimento demográfico desses segmentos populacionais coloca em evidência uma outra questão: o aparecimento da população como objeto de adestramento político e moral, matriz da produção de ideologias, inclusive as de natureza médica.

3. Esclarecimentos de ordem teórica

Neste estudo está sendo trabalhado particularmente o conjunto de representações sobre a velhice presentes no discurso produzido pela gerontologia social, pelo Estado brasileiro e pelo SESC, entendidas como ideias, noções, valores, normas etc. que ocultam a realidade vivida pelos homens no interior da nossa sociedade, ocultando, enquanto prática da dominação e da mistificação, que a velhice é produto da existência objetiva dos homens. Essas representações, expressão dos interesses da classe dominante, integrantes, portanto, da cultura dominante, são compreendidas como um conjunto de categorias que buscam comandar na prática a percepção e a manipulação mais imediata da realidade, isto é, são entendidas como um conjunto de categorias que se constituem num modelo que visa a um alvo privilegiado: a atualização do comportamento dos homens na e com relação à "terceira idade". Nesse sentido, o conjunto de representações sobre a velhice presentes no discurso da gerontologia, do Estado e do SESC — enquanto ideias, noções, valores, normas etc. falseadoras da realidade que, amparando-se no mito da neutralidade política, fazem a apologia do mundo burguês — é integrante da ideologia da velhice, entendida como ilusão. A gênese da ideologia enquanto ilusão, enquanto falsa consciência

> se dá sob o signo de uma dupla divisão: a divisão social do trabalho e a divisão da sociedade em classes. A separação entre trabalho manual e trabalho intelectual origina a ilusão da autonomia do pensamento; a separação entre classes dominantes e classes dominadas cria as condições para a subordinação do pensamento aos interesses da classe dominante. Desta maneira, o pensamento passa a exercer também uma função de dominação, na medida em que, pelo poder do pensamento, pela lógica da argumentação, procura-se justificar a necessidade da aceitação de certas ideias e certos valores que, por serem universais, devem se impor à sociedade como um todo: *a ideologia dominante é a ideologia da classe dominante* (Bruni, 1980, p. 4).

Mas é preciso deixar claro — reportando-me a Marx — que é no nível da ideologia que os homens se tornam conscientes. Não se pode compreender a ideologia apenas como falsa consciência, na medida em que ela se torna o modo como os dominados veem o mundo e se relacionam com ele. Portanto, a ideologia deve também ser entendida como visão de mundo, um conjunto de ideias que fazem frente à ideologia dominante. Se pensarmos a ideologia apenas como falsa consciência, negaremos a possibilidade da passagem da inautenticidade à autenticidade através do processo histórico desencadeado pela classe trabalhadora, negaremos a existência da ciência a serviço da transformação social.[12]

José Carlos Bruni, em seu trabalho *Ideologia e cultura*, explica que

> na medida em que as convicções do dominado demonstram possuir uma certa solidez, a própria questão da dominação deve ser redefinida. Contrariamente à ideia de um poder ilimitado e absoluto da dominação, (...) dá-se conta da dialética da dominação das formas de resistência à imposição, da reelaboração de mensagens ideológicas da classe dominante. (...) Assim, em lugar de concebermos o dominado como o lugar da destruição do seu próprio saber, dos seus próprios códigos, da sua própria racionalidade, por obra da dominação, conceberíamos o dominado como o lugar da criação de um novo saber, de uma nova racionalidade. (...)
>
> Ao centrarmos a atenção no dominado outra consequência se impõe: ele passa a ser considerado como objeto de investigação e reconhecido como sujeito de conhecimento, dotado de um saber sobre sua própria situação, deixa de ser objeto do discurso iluminado que vem mostrar sua ilusão (Bruni, 1980, p. 16-7).

Como ficaria então o objeto de estudo deste trabalho? Por que não privilegiei o discurso dos dominados, limitando-me ao conhecimento das representações sobre a velhice presentes no discurso da gerontologia-geriatria, do Estado e do SESC? É preciso fazer certas ponderações.

Meu objetivo inicial era trabalhar também o conjunto de representações sobre a velhice formulada pelos dominados, pois assim

---

12. Entendo que "a destruição da pseudoconcreticidade como método dialético-crítico, graças a qual o pensamento dissolve as criações fetichizadas do mundo reificado e ideal, para alcançar a sua realidade, é apenas o outro lado da dialética, como *método revolucionário da transformação da realidade. Para que o mundo possa ser explicado 'criticamente', cumpre que a explicação do mundo se coloque no terreno da práxis revolucionária*" (Kosik, 1976, p. 18; grifos meus).

seria possível conhecer o seu saber e a sua resistência em relação aos padrões de velhice impostos pelos "ideólogos" a serviço da classe dominante. Mas fui levada a restringir o objeto de pesquisa. Optei então pela análise da ideologia da velhice produzida em função dos interesses da classe dominante, buscando evidenciar os esquemas abstratos da realidade que fundamentam as abstratas representações sobre a velhice e deixar claro que somente partindo da atividade objetiva do homem histórico é que se consegue explicitar os fenômenos culturais. Optar pelo discurso dos dominados, desconhecendo as representações veiculadas pela "ação pedagógica" dos especialistas em assuntos da velhice, não seria possível, já que a "resistência" só é apreendida na medida em que se apreende a própria dominação. A dialética inerente ao fenômeno impediria que procedesse de forma diferente. E, embora o discurso do dominado não constitua objeto deste estudo, busca-se evidenciar que

> os elementos materiais de uma subversão total são, de um lado, as forças produtivas existentes e, de outro, a formação de uma massa revolucionária que se revolte, não só contra as condições particulares da sociedade existente até então, mas também contra a própria "produção da vida" vigente, contra a "atividade total" sobre a qual se baseia (Marx e Engels, 1984, p. 57).

Esta opção, no entanto, requer que o ponto de vista crítico que busca deslindar os fundamentos da ideologia da velhice tenha por parâmetro a história e, por conseguinte, os seus sujeitos privilegiados: aqueles que, sendo objeto da ideologia, a desnudam em suas contradições com seu movimento transformador.

Entendo que a ideologia médica sobre a velhice fundamenta e fortalece a ideologia sobre a velhice produzida pelo Estado brasileiro, da mesma forma que embasa a ação do SESC, o qual, por sua vez, também se inspira na produção dita científica de portadores de conhecimentos e propostas a-históricas no campo da psicologia, da pedagogia, da sociologia etc., e das experiências com idosos de outras organizações sociais capitalistas.

Entendo igualmente que a ideologia médica sobre a velhice constitui uma unidade de contrários na medida em que, no seu interior, identificam-se as contradições que a tornam a um só tempo ilusão e visão de mundo.

Todas essas instâncias — a gerontologia-geriatria, o Estado, o SESC e as ciências humanas a-históricas — produzem e reproduzem as representações sobre a velhice alicerçadas nas águas turvas da pseudoconcreticidade.

Limitei-me à análise do discurso produzido pela gerontologia--geriatria, consideradas como as ciências autorizadas a falar sobre a velhice e que se propõem a exercer o monopólio desse saber; ao discurso do Estado que, enquanto representante dos interesses dominantes, busca harmonizar mais uma das contradições da sociedade de classes — a tragédia do trabalhador no fim da vida —, amparando-se no saber científico que, por sua vez, universalizando a velhice, prescreve normas para serem seguidas pelos idosos em geral e, finalmente, ao produzido pelo SESC, por ser uma instituição a serviço do empresariado comercial brasileiro que, por meio dos seus projetos, assume a proposta de tutelar a velhice.

Embora, como já foi explicitado, não se trate de um estudo comparativo, recorri ao discurso da gerontóloga Claudine Attias-Donfut, pela influência direta que tem exercido nos programas do SESC, devido à longa experiência que vem acumulando como participante dos projetos para idosos desenvolvidos na França. Assim, para evidenciar as ligações da ideóloga da velhice com essa instituição (SESC), sua fala aparece no terceiro capítulo e não no primeiro, como seria de se esperar.

Os capítulos estão divididos em função da justificativa feita: o primeiro capítulo refere-se à análise do discurso da gerontologia-geriatria; o segundo à do Estado brasileiro; e o terceiro discorre sobre a ideologia que fundamenta a ação do SESC no que se refere à velhice.

As fontes de informação foram os discursos produzidos pelas instâncias que constituem o objeto deste estudo publicados em revistas especializadas, periódicos, livros etc., mencionados na bibliografia geral.

O recurso ao material de imprensa decorreu do interesse em conhecer a imagem da velhice difundida por esse meio de comunicação. Utilizei, também, o depoimento de um técnico em velhice do SESC que, por meio de entrevista não dirigida, forneceu-me dados fundamentais sobre os programas desenvolvidos por essa entidade.

Embora consciente da sobrecarga de citações presentes neste trabalho, temi que os cortes colocassem em risco a validade das conclusões.

O percurso adotado, pelo seu próprio movimento intelectual, não se esgota neste estudo; ele aponta necessariamente para o desvendar da cultura da velhice, esse terreno onde as desigualdades, nascidas das condições objetivas de vida em nossa sociedade, não são negadas, mas reatualizadas no momento historicamente privilegiado de um ciclo da existência social.

Este trabalho é uma versão parcial do estudo originariamente apresentado como dissertação de mestrado em Antropologia Social ao Departamento de Ciências Sociais, da Faculdade de Filosofia, Letras e Ciências Humanas da Universidade de São Paulo, em dezembro de 1985. Deixo aqui registrados os agradecimentos ao meu orientador e amigo, professor Teófilo de Queiroz Júnior, pelas valiosas contribuições em todas as fases da pesquisa, e à banca examinadora, professores Evaldo Amaro Vieira e Maria Lúcia Montes, pelas sugestões apresentadas.

Minha gratidão a Sérgio França Adorno de Abreu e Narciso João Rodrigues Júnior, pelo que representaram na trajetória deste trabalho, sempre dispostos a discutirem comigo as questões fundamentais.

Meu reconhecimento aos amigos e familiares pelo constante estímulo e à Coordenação de Aperfeiçoamento de Pessoal de Nível Superior (Capes) pelo apoio financeiro dispensado nos anos de 1983, 1984 e 1985.

Embora a ideologia sobre a velhice que embasa os projetos do SESC seja objeto de análise crítica neste estudo, quero deixar aqui meu agradecimento a esta instituição que cortesmente colocou à minha disposição seu acervo teórico sobre velhice, prestando-me grande colaboração nos momentos em que a ela recorri.

Capítulo 1

O saber sobre a velhice:
a "ciência" está com a palavra

O saber médico sobre a velhice tem sido difundido em nossa sociedade através dos meios de comunicação, das universidades, de sociedades científicas, de palestras, de obras publicadas, de sociedades beneficentes etc., estando presente também no discurso do Estado.

A literatura médica trata não somente do aspecto de caráter eminentemente biológico referente à velhice, mas também do seu aspecto de cunho marcadamente sociocultural: refere-se às questões relativas à patologia da velhice,[1] ao processo de envelhecimento[2] e, finalmente, ao aumento da duração da vida humana, evitando que a velhice, fenômeno fisiológico, se transforme em velhice-enfermidade.[3]

---

1. Objeto de estudo da geriatria, que se ocupa das doenças do velho, dividindo-se em geriatria preventiva, curativa e paliativa (cf. Ávila, 1978, p. 24).

2. Objeto de estudo da gerontologia, que se dedica aos aspectos biológicos, psicológicos, sociais e econômicos do envelhecimento. A gerontologia divide-se em gerontologia básica e gerontologia social (Ávila, 1978, p. 24).

3. Constituem-se nos dois objetivos básicos da geriatria e da gerontologia (Ávila, 1978, p. 24).

Gerontologia e geriatria caminham juntas em função de um mesmo objeto formal de estudo: os velhos.[4]

Embora o que nos interesse sejam, na realidade, as explicações e propostas gerontológicas referentes às relações sociais dos idosos e às dificuldades enfrentadas por eles nas suas relações com os outros,

---

4. Ao longo de nossas pesquisas encontramos inúmeras definições de gerontologia e geriatria. Transcrevemos algumas delas: "A gerontologia é a ciência que estuda o envelhecimento; a geriatria é a ciência médica que cuida das pessoas idosas; a primeira noção é médica e social, a segunda é unicamente médica e se aplica ao domínio da patologia" (Reboul, 1973); "A geriatria pode definir-se como o ramo da gerontologia e da medicina que trata da saúde das pessoas de idade avançada em todos os seus aspectos: preventivo, clínico, terapêutico, de reabilitação e de vigilância contínua" (OMS, 1974); "Geriatria é o ramo da medicina geral que cuida dos fatores clínicos, sociais, preventivos e de reabilitação importantes na manutenção da saúde e da independência da população idosa, bem como do tratamento de suas doenças e incapacidades" (Royal College of Physicians, 1976); "A gerontologia social estuda as mudanças que acompanham o processo de envelhecimento do ponto de vista psicológico, sociológico e psicossociológico, a natureza e as modalidades de adaptação do indivíduo em suas transformações e, enfim, a evolução da personalidade e da saúde mental num contexto social concreto. A gerontologia social estuda também o papel do ambiente, da cultura e das mudanças sociais no processo do envelhecimento, da mesma forma que as atitudes, o comportamento e as condições de vida das pessoas idosas" (Zay, 1977, apud Bullone, 1981, p. 3); "A geriatria é o ramo da medicina que se ocupa dos idosos saudáveis ou enfermos, que necessitam de cuidados preventivos de atenção clínica e terapêutica, de reabilitação e de apoio social. (...) A gerontologia estuda o idoso do ponto de vista científico, em todos os seus aspectos, físicos, biológicos, psíquicos e sociais, sendo responsável pelo atendimento global do paciente. Assim, a geriatria, que se ocupa do aspecto médico do idoso, pode ser considerada como parte da gerontologia" (Carvalho, 1984, p. 31); "Gerontologia é o conjunto das disciplinas que intervém no mesmo campo, o campo da velhice. É uma noção que indica uma certa unidade — que é, mais desejada do que realizada — de disciplinas várias. E quais são essas disciplinas? A gerontologia experimental, ligada às ciências naturais, que estuda a célula, os órgãos e o organismo; a gerontologia médica que também é chamada de geriatria e que diz respeito às doenças da senescência, e a gerontologia social, que cobre várias disciplinas entre as quais já há uma cooperação. A gerontologia social é formada pela sociologia e pela psicologia, compreendendo entretanto outras disciplinas como a economia, a demografia, a geografia social, a antropologia, a psiquiatria social etc. Elas compreendem uma tentativa de interdisciplinaridade, isto é, de interpenetração das noções de uma disciplina com a outra, de trabalho de equipe, o que é diferente da pluridisciplinaridade, que é mais a justaposição dos resultados das várias disciplinas, o respeito mútuo das disciplinas, mas não a sua influência recíproca" (Donfut, 1979, p. 12).

Como se verifica, não existe uma unanimidade sobre a questão do próprio objeto de estudo da gerontologia e da geriatria. Embora de extrema importância para elucidar os fundamentos da ideologia presente no saber médico, não incluímos a análise dessa problemática entravada na própria gênese desse saber, por escapar ao objeto deste estudo.

acreditamos que algumas informações a respeito de aspectos biológicos do envelhecimento são pertinentes, na medida em que esses conhecimentos aparecem articulados com o conjunto de representações — ideias, noções, valores, normas etc. — sobre a velhice, formuladas pelos gerontólogos e geriatras.

1. A velhice: o que é, o que se diz, do que se trata

Para o Dr. Mahler, diretor-geral da Organização Mundial da Saúde,

> O envelhecimento não é simplesmente um processo físico, mas um estado de ânimo, e hoje nós estamos sendo testemunhas do início de uma mudança revolucionária nesse estado de ânimo (...). A velhice é um período vulnerável. Os anciãos correm mais riscos que os de qualquer outra faixa etária, com exceção da infância (Mahler, 1982, p. 1).

A dra. Hana Hermanova, especialista em cuidados de saúde dos idosos de Copenhagen, também da Organização Mundial de Saúde, explica que

> os que estão envelhecendo são aqueles que, depois de terem passado por um período de crescimento e maturidade, entram numa fase que tem sido chamada pelos franceses de *troisième âge* ou terceira idade. Envelhecer é uma fase normal da vida humana e deve ser considerada como tal. (...) Nós sabemos que o envelhecimento é um processo individual com amplas variações e que os próprios idosos são um grupo heterogêneo. Para propósitos de elaboração de normas e legislação, utiliza-se uma definição cronológica que coloca o umbral da velhice nos 60. Tanto a prática quanto as pesquisas mostram que existe uma diferença marcante entre a faixa etária dos 60 ou mais, entre aqueles que têm menos de 75 e os que passam dos 75 (Hermanova, 1982, p. 3).

Osvaldo Fustinoni, membro titular da Academia Nacional de Medicina da Argentina, esclarece:

> Contanto que levem uma vida normal, os seres humanos passam por uma série de três estágios desde o nascimento até a morte: o primeiro, época de progresso, desenvolvimento e evolução, é a juventude; o segundo, época da estabilização e equilíbrio, é a idade adulta e a maturidade; e o último é a época da regressão ou velhice.
>
> O gerontologista francês Huet propôs, para o último estágio, a designação "terceira idade" e este termo ganhou logo aceitação geral.
>
> Considera-se que a terceira idade tenha seu princípio cronológico na época comumente declarada em muitos sistemas legislativos de aposentadoria por emprego lucrativo, cuja faixa varia de 60 a 65 anos, mas, de fato, as mudanças características da terceira idade já começam a tornar-se evidentes mais cedo (Fustinoni, 1982, p. 18).

Marcos Smith Angulo, presidente da Sociedade Brasileira de Geriatria e Gerontologia[5] — seção São Paulo —, assim se pronuncia a respeito do assunto:

> Não há unanimidade a respeito do conceito de velhice. Alguns autores afirmam que o envelhecimento inicia-se imediatamente após a fecundação, porque no organismo de um indivíduo inúmeras células envelhecem, morrem e são substituídas antes dele nascer. Tal afirmativa, porém, não contribui com qualquer valor prático na determinação dos parâmetros de um indivíduo idoso.
>
> Outros autores, como, por exemplo, o professor Wanderley Nogueira da Silva, dizem que ainda hoje a velhice é somente discutida mas não definida. Diz este autor ser difícil estabelecer uma idade em que o homem deixa a maturidade e ingressa na velhice.
>
> Frederico Alberto de Azevedo Gomes relata em seus trabalhos que, no estudo do envelhecimento fisiológico, notadamente dos rins, observamos

---

5. A Sociedade Brasileira de Geriatria e Gerontologia foi fundada em 1961, filiada à Associação Médica Brasileira.

que a partir dos 30 anos, em plena fase anabólica, muitos sinais que traduzem o início da senescência são exteriorizados.

A Organização Mundial de Saúde considera a idade de 65 anos, como limite inicial caracterizador da velhice. Essa assertiva, embora por demais simplista, é usada por todos os estatísticos que documentam a geriatria, estabelecendo um mero valor cronológico, o qual, na maioria das vezes, não corresponde à idade fisiológica.

Portanto, podemos concluir que são inúmeras as dificuldades para estabelecer o marco de início do envelhecimento, não só pelo fato de ser variável de indivíduo para indivíduo, mas também porque os primeiros sinais de envelhecimento são quase imperceptíveis.

Apesar de a pessoa idosa ter estatisticamente mais doenças e cicatrizes de doenças anteriores do que as pessoas mais jovens, velhice não é doença. Na verdade, a velhice, com suas características biológicas específicas, é um momento da vida como os outros, que pode ou não ter uma ou mais doenças associadas, mas isto não é necessário.

O envelhecimento imprime aos indivíduos alterações naturais cujo conhecimento é necessário para diferenciar-se o envelhecimento fisiológico do patológico (Angulo, 1979, p. 7).

Fica evidente a ausência de unanimidade sobre o que é ser velho: as posições a esse respeito são muitas, variando desde o ponto de vista segundo o qual o envelhecimento inicia-se imediatamente após a fecundação, até aquele que aponta o marco empírico da senectude em torno dos 65 anos. Merece destaque a afirmação de Jarbas José Ávila, da Associação Médica Brasileira e da Sociedade Brasileira de Geriatria e Gerontologia, que, discordando da definição meramente cronológica — a velhice começa aos 65 anos —, por considerá-la arbitrária e simplificada, assim se coloca:

> O velho sadio não é psicológica nem fisiologicamente velho. O que caracteriza a velhice não é a quantidade dos anos vividos. Nem é o estado das artérias, como dizia Metchinikof. Nem é anormalidade endócrina, como queria Pende. O que caracteriza a velhice é a perda dos ideais da juventude, é a dessintonização com a mentalidade do seu tempo, é o desinteresse pelo cotidiano nacional e internacional, é o humor irritadiço, é a desconfiança no futuro, o desamor ao trabalho (Ávila, 1978, p. 25).

A tônica que domina na formulação é doutrinária. O que significam ideais da juventude, dessintonização com a mentalidade do seu tempo, desinteresse pelo cotidiano nacional e mundial, humor irritadiço, desconfiança no futuro e desamor ao trabalho? Apelando ao subjetivismo e ao idealismo, não se dá conta da produção social da velhice. Trata-se, inegavelmente, de uma afloração de tecido doutrinário de suma relevância ao nosso estudo, cujo significado ficará evidente mais adiante, quando identificarmos as normas propostas pela gerontologia social com a finalidade de melhorar a qualidade do fim da vida.

Os especialistas pronunciam-se, também, a respeito da diferença de envelhecimento entre homens e mulheres. Segundo o dr. José Scherman, médico endocrinologista do Instituto Estadual de Diabete e Endocrinologia e professor adjunto da Universidade Federal do Rio de Janeiro, a mulher, embora viva mais que o homem, envelhece mais depressa:

> Dentre todas as glândulas endócrinas, as gônadas femininas são as que mais sofrem sob o ponto de vista físico, de volume. Sabe-se que os ovários podem acusar uma redução gradativa, a partir da menopausa, de até 50% de seu normal, acentuando-se cada vez mais a partir do período de pré-senescência ou de pós-menopausa até entrar na etapa propriamente de senectude, cujo marco empírico é representado em torno dos 65 anos (Scherman, 1978, p. 10).

2. Uma população envelhecida, porém "iluminada"

Segundo os teóricos do assunto, dentre as funções da gerontologia-geriatria está a de prestar esclarecimentos e orientações ao geronto: ele precisa estar ciente das modificações fisiológicas pelas quais vai passar, precisa estar informado das suas possibilidades físicas e psíquicas. É preciso

> mostrar-lhe que, na verdade, a velhice, com suas características biológicas, é um momento da vida semelhante aos outros; que o fato de

terem os gerontos sua reserva orgânica diminuída, reduzida e em declínio, velhice não é doença. Devemos convencer as pessoas idosas de que ainda são muito úteis, podendo, inclusive, produzir algo de interesse próprio e também dos grupos e da comunidade a que pertencem (Angulo, 1980, p. 17).

Assim, nos artigos, palestras, encontros de gerontólogos e geriatras estão presentes discursos a respeito das modificações fisiológicas que ocorrem à medida que os indivíduos envelhecem.

Devemos explicar-lhes que, com a idade, a pele, nas partes expostas, perde seu viço e se fragmenta; fica seca, sem elasticidade e começam a aparecer manchas pardacentas no dorso da mão. O poder de cicatrização se reduz drasticamente.

Com o correr dos anos, a capacidade do coração de aumentar o número e a força das batidas cardíacas, nos esforços, está diminuída; a aorta tem sua elasticidade reduzida e, portanto, o sangue corre mais rapidamente, acarretando, assim, um aumento da pressão arterial (PA) sistólica. Os pulmões diminuem de volume e perdem a elasticidade. A capacidade total respiratória é menor. Diminuem também o olfato, o paladar, a secreção salivar, as contrações de fome; a digestão torna-se lenta e difícil, a função gastrintestinal diminui para certos alimentos e determinados medicamentos. A secreção da bile é limitada e, portanto, a digestão das gorduras torna-se incompleta e surgem as fermentações intestinais. Há também um déficit de vitamina A e complexo B, cálcio, ferro, fósforo, magnésio e potássio.

O rim do geronto é pequeno; há um decréscimo do número de néfrons, da filtração glomerular e da função tubular, passando então o idoso a eliminar uma maior quantidade de urina, de densidade mais baixa, permitindo a expulsão dos excretos, mas facilitando a desidratação. Ocorre diminuição das sensibilidades visuais, auditivas, gustativas, térmicas e dolorosas.

Embora na idade avançada a massa encefálica diminua de peso, pelo desaparecimento de células em todas as camadas do córtex (a perda dos neurônios começa aos 25 anos), é um fato atualmente bem estabelecido que o envelhecimento não leva a um declínio das faculdades intelectuais. Na realidade, certas faculdades intelectuais nada sofrem com o envelhecimento e podem, mesmo, se desenvolver com o passar do tempo, como, por exemplo, o conjunto dos conhecimentos, o julgamento prático, a aptidão para dominar situações difíceis e o desembaraço verbal.

Todavia, outras se revelam mais sensíveis ao envelhecimento e "dependentes da idade", como, por exemplo, a faculdade da memória e observação, a capacidade de concentração, a agilidade intelectual e a faculdade de associação (Angulo, 1980, p. 17-8).

Também o geriatra Ralph Berg se pronuncia a respeito da capacidade intelectual que, segundo ele, é mais aguda na velhice. Explica que

> enquanto o indivíduo se mantém em atividade intelectual ele continua com capacidade de produzir. À medida que o indivíduo envelhece, sua capacidade intelectual torna-se mais aguda e mais seletiva. Esses indivíduos, que são personalidades notáveis nos seus respectivos ramos de atividade, ao longo da vida sempre tiveram uma grande produção intelectual. Na faixa compreendida entre os 20 e os 30 anos de idade, é comum a existência de um interesse amplo, isto é, por várias atividades. A partir dos 30, o indivíduo vai começando a selecionar os assuntos pelos quais se interessa. Aos 60 essa seleção aumenta e ele se dedica, conforme cada caso, a dois ou três assuntos e se torna um *craque* naquilo. O contrário ocorre com os que se aposentam, isto é, os que ficam inativos. Estes, praticamente, tornam-se uns mortos-vivos, ficam por aí pelas praças e outros lugares. Podemos constatar que todos os grandes estadistas são (ou foram) homens velhos, como, por exemplo, De Gaulle, Churchill, Ho Chi Min, Mao Tsé-tung. Noutros setores, podemos citar Bernard Shaw, Bertrand Russel, Picasso, Chaplin e Miró, este ainda em franca atividade. O intelectual idoso não diminui a sua atividade mental. O que diminui é a sua capacidade física. Evidentemente, quando há a intervenção de doenças orgânicas surgem dificuldades (Berg, 1979, p. 37).

Embora o geriatra afirme que na velhice a capacidade intelectual é mais aguda, na sociedade brasileira tal característica não é possível de ser encontrada em toda a população idosa. Ora, se o especialista explica que "enquanto o indivíduo se mantém em atividade intelectual ele continua com a capacidade de produzir", é contraditória a conclusão: "À medida que o indivíduo envelhece, sua capacidade intelectual torna-se mais aguda e mais seletiva", pois, numa sociedade de classes, alicerçada na divisão social do trabalho, a poucos é reservado o privilégio do exercício de atividades intelectuais que lhes garanta, por extensão, esse privilégio na velhice. Generalizar para a velhice o que pode ser vivido por apenas uma minoria de velhos é avançar o "sinal vermelho" do semáforo da ciência. Não levando em conta as condições objetivas de trabalho na sociedade capitalista, suas representações fazem parte do mundo da pseudoconcreticidade.[6]

A aposentadoria é apontada como a causa da "inatividade", do que se depreende que, para o autor, a "capacidade intelectual" independe do lugar que o indivíduo ocupa no processo produtivo. É, inclusive, em tom acusador e preconceituoso que ele se refere aos que se aposentam: "Tornam-se uns mortos-vivos, ficam por aí pelas praças e outros lugares". Trata-se, na realidade, de discurso tendencioso, de cunho marcadamente elitista: desconsiderando a produção social da velhice, imbuído da ideologia do trabalho, acaba enaltecendo os grandes estadistas, escritores e artistas. Silencia-se a respeito dos trabalhadores.

Os trabalhos geriátricos esclarecem, como já foi observado, acerca das alterações fisiológicas dos diversos sistemas do homem — pele, coração, artérias, rins, sistema nervoso central, sistema nervoso periférico, sistema digestivo, aparelho circulatório, sistema muscular, sistema esquelético, sistema imunológico, sistema reprodutor, órgãos dos sentidos, composição corpórea —, do envelhecimento celular, das alterações estruturais do envelhecimento — tecido conjuntivo, lípides, carboidratos — etc. Prescrevem também a

---

6. "O mundo da pseudoconcreticidade é um claro-escuro de verdade e engano. O seu elemento próprio é o duplo sentido. O fenômeno indica a essência e, ao mesmo tempo, a esconde. A essência se manifesta no fenômeno, mas só de modo inadequado, parcial, ou apenas sob certos ângulos e aspectos" (Kosik, 1976, p. 11).

alimentação ideal na velhice sempre enfatizando que a moderação na comida é a melhor receita para uma velhice sadia e uma vida longa e que, pelo menos em parte, os fatores nutricionais demonstram papel importante no desenvolvimento da aterosclerose.

Paulo César Alfonso Ferreira, da Sociedade Brasileira de Geriatria e Gerontologia, chama a atenção para o fato de que, graças ao acúmulo de conhecimentos dos efeitos da idade nos sistemas biológicos e da elaboração de razoáveis hipóteses explicativas dessas alterações, impõe-se, cada vez mais nos últimos anos, a certeza de que é possível retardar o envelhecimento. E afirma:

> Iniciou-se a era do estudo do processo de envelhecimento em laboratório, permitindo-se, além dos estudos sobre biologia, fisiologia e imunologia do envelhecimento, estudos sobre aspectos genéticos, envolvendo o envelhecimento ao nível celular e subcelular, também chamado envelhecimento intracelular e molecular, que em sua essência investiga a bioquímica do envelhecimento. (...) Os progressos da ciência e tecnologia têm mudado a probabilidade de morte nos indivíduos mais jovens, fazendo com que nas sociedades mais evoluídas os indivíduos tenham mais probabilidade de atingir a longevidade máxima eugênica, mas não ultrapassá-la. A essa maior chegada de indivíduos à longevidade máxima é que chamamos de Processo de Geriatrização (Ferreira, 1978, p. 10-1).

A Sociedade Brasileira de Geriatria e Gerontologia foi fundada há mais de duas décadas e realiza congressos nacionais e internacionais a cada três anos, além de jornadas de estudo. A V Jornada de Geriatria e Gerontologia,[7] promovida por essa entidade, realizada

---

7. Nossa preocupação em sintetizar algumas falas dessa "jornada" — reunidas por Branca T. Ferrari, cuja matéria foi publicada sob o título "Brasil discrimina seus velhos" — decorre do nosso próprio interesse em questão. Por que escolhemos a última jornada: e não as anteriores, ou mesmo os discursos proferidos nos congressos de geriatria e gerontologia? Ora, a preocupação fundamental destes Encontros tem sido sempre a mesma — difusão dos preceitos médicos a respeito dos problemas que envolvem a velhice, quer do ponto de vista físico, quer do ponto de vista social —, o que, de certa forma, facilitou o nosso trabalho e nos deu segurança para a escolha; o fato de a "jornada" ter ocorrido recentemente pesou bastante, uma vez que, não

em São Paulo em maio de 1984, contou com a presença de mais de seiscentos profissionais da área de saúde. Os geriatras e gerontólogos enfatizaram a necessária intervenção da ciência para enfrentar a terceira idade, uma vez que o Brasil vem apresentando uma população crescente de idosos; entretanto, as autoridades competentes não dão o devido apoio aos estudiosos em velhice. Os conferencistas destacaram, também, a importância de *esclarecimentos* cada vez maiores a fim de que os velhos saibam cuidar de si mesmos, mas, para tanto, precisam ter boa saúde. Ao lado de palestras sobre os aspectos que contribuem para o aparecimento de doenças na velhice — aumento do controle do peso, do colesterol e da pressão arterial, o tabagismo, ausência de exercícios físicos etc. —, a V Jornada de Geriatria e Gerontologia apontou as medidas que devem ser tomadas para melhorar a qualidade de vida dos idosos. Uma delas refere-se à *criação da Fundação Nacional do Idoso* que

> teria atribuição de definir uma política de ação na área gerontológica com função executora apenas nas ações que possam ser conveniadas. Atenderia a todo e qualquer idoso, previdenciário ou não. E seus recursos poderiam provir de convênios, doações, loterias, incentivos fiscais e também do Fundo de Liquidez da Previdência Social (Ferrari, 1984, p. 24).

Outras, sugeridas pelo professor Gimenez Herrero, da Faculdade de Medicina de Santiago de Campostela, visam *diminuir as tensões e sobrecargas do meio ambiente*. Entre elas, destacou as mudanças urbanísticas, que teriam por objetivo oferecer espaço e condições de locomoção às pessoas velhas, mudanças que estão sendo discutidas na Europa.

> Essas mudanças compreenderiam a implantação obrigatória de grandes áreas verdes; a criação de espaços para pedestres; a supressão de ruídos;

---

sendo o caso neste estudo trabalharmos os discursos de todos os Encontros promovidos pela Sociedade Brasileira de Geriatria e Gerontologia, teremos possibilidade de conhecer o que está sendo proposto presentemente para a melhoria da qualidade de vida da população idosa.

o ordenamento do tráfego, ajustando-o a um ritmo de vida mais lento; a eliminação dos desníveis das ruas; a substituição de escadarias por rampas nos edifícios públicos e clínicas, e maior educação social ao cidadão para fazê-lo respeitar os idosos (Ferrari, 1984, p. 27).

Herrero considera importantes tais medidas mas enfatizou que

> um excessivo protecionismo social e ambiental pode ser negativo ao idoso. Um certo grau de estresse (...) é benéfico para que o organismo exercite seus mecanismos de resposta e para manter algum grau de tono vital (Ferrari, 1984, p. 27).

Lembrou a importância do exercício físico e os benefícios propiciados pelos jogos da terceira idade,

> porque ajudam a manter um certo narcisismo muito necessário nessa fase (Ferrari, 1984, p. 27).

Finalmente, foram amplamente discutidas as relações *família-idoso*. Segundo Oswaldo Gonçalves da Silva, da Gerência de Estudos do Lazer da Terceira Idade, do SESC de São Paulo,

> o fulcro do problema se localiza nas características da família de hoje que, reproduzindo os mesmos mecanismos e processos da sociedade, não oferece condições para que seus membros mais velhos vivam integrados no seu seio (Ferrari, 1984, p. 27).

Na medida em que na sociedade industrial moderna o que importa é produzir, os idosos são esquecidos o tempo todo porque não interessa a essa sociedade investir em programas que não ofereçam retorno. O idoso, segundo ele, precisa se constituir no agente transformador dessa situação.

Os idosos precisam acreditar em suas forças. (...) Isso, sem desprezar a ajuda de aliados sinceros, como os especialistas, as instituições e até os políticos. Só que esses aliados não devem sair dos limites de meros auxiliares desse processo de conscientização. Isso levará o idoso a redescobrir sua verdadeira identidade, a assumir-se como pessoa, coisa imprescindível para a sua produtividade social. (...) Ouvimos às vezes que temos de lutar pelos idosos porque eles não têm braços. Eles têm braços, sim. A sociedade é que amarra seus braços através de uma ajuda meramente assistencialista. Em lugar de se lutar pelos idosos, devemos fazer com que eles próprios lutem para resolver seus problemas (Ferrari, 1984, p. 27).

Como vemos, a solução é esperada dos idosos, que poderão contar com o apoio de aliados sinceros, "como os especialistas, as instituições e até os políticos". Mas são eles próprios, segundo o palestrante, que devem agir para resolver seus problemas, desconsiderando que "esses problemas" são criados pelas condições reais de existência social dos homens, sendo, pois, frutos das contradições da sociedade capitalista.

3. O receituário gerontológico

Passemos agora ao conhecimento e análise das principais propostas feitas pela gerontologia visando à melhoria da qualidade do fim da vida. Examinando o conteúdo de trabalhos publicados, observa-se que é colocada em questão, em regra geral, a relação idoso-família, ao mesmo tempo que são exaltados o trabalho — como a melhor terapia para o envelhecimento — e a educação para a velhice, ligada à aprendizagem da arte de saber envelhecer.

A gerontologia e a geriatria apresentam-se como as principais instâncias produtoras da ideologia da velhice. Aparecem como entidades autônomas, enquanto produtoras de um saber intelectual elaborado pelos aparentemente autônomos pensadores da velhice.[8] O produto do trabalho dos teóricos da velhice — as "ideias autonomizadas" — busca nos fazer acreditar que a realidade vivida pelo homem no final de sua vida poderá ser alterada com a ação da "ciência", das instituições sociais, do Estado e do próprio idoso. Tentaremos mostrar, portanto, por que a produção dos teóricos da velhice não passa de uma produção ideológica da ciência da burguesia e, enquanto tal, de um instrumento de dominação.

O lema da Sociedade Americana de Gerontologia é "acrescentar vida aos anos e não anos à vida". A educação para a velhice ocupa lugar de destaque no conjunto de normas que a gerontologia social aponta como fundamentais para se buscar o envelhecimento sem velhice. Segundo o geriatra Mário Filizzola,

> à medida que o indivíduo envelhece, vai se processando o esvaziamento do seu valor social e humano. É uma das sensações mais desagradáveis que existem, a ponto de a pessoa desejar a morte. A obsolescência humana é típica da civilização industrial e só tem solução com a educação do indivíduo que está envelhecendo para que não chegue a esse processo de esvaziamento (*Jornal da Semana*, 1º abr. 1979, p. 8).

No discurso do geriatra Jarbas José Ávila, a questão das escolas para idosos é assim colocada:

> Os nossos velhos são um peso morto na sociedade, embora, na verdade, a maior parte deles podem ainda ser úteis e dinâmicos por muitos e muitos anos. Todos nós odiamos a velhice e em nenhum

---

8. "Se, na concepção do decurso da história, separarmos as ideias da classe dominante da própria classe dominante e se as concebermos como autônomas, se nos limitarmos a dizer que em uma época estas ou aquelas ideias dominaram, sem nos preocuparmos com as condições de produção e com os produtores destas ideias, se, portanto, ignorarmos os indivíduos e as circunstâncias mundiais que são a base destas ideias, então podemos afirmar, por exemplo, que, na época em que a aristocracia dominou, os conceitos de honra, fidelidade etc. dominaram, ao passo que na época da dominação da burguesia dominaram os conceitos de liberdade, igualdade etc." (Marx e Engels, 1984, p. 73).

momento de nossa vida nos preparamos para o INEXORÁVEL ENVELHECIMENTO. Todos apoiamos escolas que ensinam os meninos a serem homens; quem contudo conhece escolas que ensinam os homens a serem velhos?

Compete às gerações mais jovens, não só se educarem para a velhice, como também facilitar aos velhos atuais os meios para que os últimos anos de suas vidas sejam úteis e felizes; somente assim nós poderemos utilizar as virtudes supremas da velhice: experiência e sabedoria (Ávila, 1978, p. 25).

Edison Rossi assim se expressa em relação à educação para a velhice:

o adulto deve ser ensinado para a velhice, assim como se procura ensinar a criança para a vida (na Europa e nos Estados Unidos há esforços públicos e privados, através de cursos e formação de grupos para atender a este requisito) (Rossi, 1981, p. 52).

A geriatria e a gerontologia, enquanto especialidades do saber médico preocupadas com a qualidade do fim da vida, colocam-se como autoridades para reivindicar projetos para e em nome dos idosos, ignorando as forças reais que explicam o processo de surgimento da problemática da velhice. Por que educar o indivíduo para a velhice? Por que educar os velhos, submetê-los a um processo de ressocialização? "Para garantir um fim de vida feliz", "para acrescentar vida aos anos, e não anos à vida", "para buscar o envelhecimento com decência e dignidade", pois "saber envelhecer é uma arte", respondem os especialistas.

As ligações da Sociedade Brasileira de Geriatria e Gerontologia (SBGG) com organismos internacionais como a ONU e o Centro Internacional de Gerontologia Social (CIGS) vão além das proclamadas trocas de informações entre comunidades científicas: a hegemonia exercida por esses organismos está implícita nas declarações de geriatras e gerontólogos brasileiros e se expressa nas propostas feitas por eles.

A situação das pessoas idosas passou a despertar o interesse de diferentes áreas da sociedade brasileira há bem pouco tempo. Em 1976 uma série de seminários, especialmente programados pelo MPAS, foram significativos no propósito de despertar a consciência nacional para o assunto. (...) É imperiosa a ação governamental, estabelecendo diretrizes de bem-estar geral, acesso a serviços, ambientes e combate à discriminação de idade, de forma que as pessoas idosas se mantenham como participantes comuns do desenvolvimento — e jamais meros figurantes apenas da sociedade em que vivem e dentro da qual no melhor das suas energias tiveram papéis ativos. (...) Segundo a ONU, é imprescindível que seja promovido um trabalho amplo de orientação para o envelhecimento, caminho positivo na prevenção de muitos dos males que os indivíduos apresentam no estágio da velhice. (...) O Censo Nacional de 1980 apresentou 6,5% de idosos, isto é, 7.741.000 em meio a 119.099.000 de brasileiros. A estrutura socioeconômica e cultural, assim como a organização sanitária hoje funcionando, revelam-se inadequadas ante a presença de um tal contingente humano. Todavia, não foram ainda tomadas medidas hábeis para se iniciar um processo de mudança na atual situação. (...) Para a ONU, 7% de idosos representam preocupação.

Fato inconteste é a importância de se recuperar o tempo perdido por meio de um conjunto de atitudes que devem envolver, a um só tempo, organismos governamentais e não governamentais (Fernandes e Rossi, in Ballone, 1981, p. 23).

Como tão bem evidencia o documento, a preocupação da ONU é grande diante do crescimento do número de idosos, sendo que a "educação para a velhice" é uma das suas orientações. Continuando, os autores explicam:

Torna-se impostergável proporcionar orientação, assistência e cuidados para que o indivíduo que atravessa as etapas da infância à idade madura esteja alerta, prevenido. O Centro Internacional de Gerontologia Social sugere que as medidas de orientação contra aspectos negativos da velhice sejam adotadas com muita antecedência, na adolescência, na juventude, como ainda aos 50 anos ou na época da aposentadoria, por meio de trabalho educativo, minimizando assim problemas de saúde física e mental que podem surgir no futuro do indivíduo. Segundo o CIGS, as providências de caráter preventivo não devem objetivar tanto a prolongação da vida como, principalmente, a melhoria da qualidade de vida quando se envelhece, preservando-se ao máximo a capacidade individual da autossuficiência. Preparar o envelhecimento é um cometimento talvez mais árduo que estabelecer condições favoráveis, voltadas exclusivamente para os últimos anos do homem. Será este, pois, um dos grandes desafios da sociedade, ainda neste século (Fernandes e Rossi, in Ballone, 1981, p. 22-3).

A aprendizagem da arte de saber envelhecer, a educação para a velhice, proposta pelo saber médico, fazendo parte do conjunto de representações sobre a velhice, projeções na consciência dos seus formuladores de condições históricas determinadas, é fruto da sistematização doutrinária, abstrata, da própria realidade. A velhice é considerada como independente das condições materiais de existência dos seus protagonistas, possuindo, portanto, suas representações, o caráter de pseudoconcreticidade: o conhecimento acriticamente reflexivo de que os seus produtores são portadores coloca em relação causal as representações fixadas sobre a velhice e as condições igualmente fixadas para sanar seus males. "É uma questão de educação", afirmam os especialistas, "é preciso que os homens aprendam a ser velhos". O mundo real que é ocultado, produtor da velhice trágica, é o mundo da práxis humana, determinação da existência humana como elaboração da realidade.[9]

"A educação para a velhice", integrante das representações sobre a velhice, enquanto parte da cultura capitalista, é condição fundamental à reprodução das relações capitalistas.

O capitalismo, enquanto modo de produção internacional, encontra na produção intelectual a base da sua cultura material e espi-

---

9. O mundo real "é um mundo em que as coisas, as relações e os significados são considerados como *produtos* do homem social, e o próprio homem se revela como sujeito real do mundo social" (Kosik, 1976, p. 18).

ritual. Assim, as ligações da SBGG com a ONU e o CIGS, a unanimidade da proposta referente à "preparação para o envelhecimento" são expressões da ideologia burguesa, predominante no sistema capitalista internacional.

Propor a educação como uma alternativa para a solução da velhice trágica é ocultar a realidade histórico-social; é tomar como verdadeira "a ideia" de que a pedagogia da velhice encerra em si mesma uma saída para a "questão da velhice", possibilitando aos homens condições para viverem, por meio do processo de ressocialização, da inculcação das normas geriátricas relativas à aprendizagem da arte de saber envelhecer, uma existência diferente daquela que é socialmente produzida. A velhice, enquanto determinada biologicamente, é esquecida. A apologia do "saber envelhecer" repousa em parâmetros diferentes: o social e a cultura. Verifica-se, portanto, uma contradição imanente ao discurso: enquanto a causalidade identificadora pelo saber médico é biológica, ligada ao individual, a superação dos obstáculos a uma velhice feliz vai buscar no social suas razões de ser.

É num contexto historicamente específico, caracterizado pelo aumento porcentual do número de idosos, que os velhos passam a ser objeto de preocupação crescente nas sociedades capitalistas. Numericamente representam uma ameaça: expandem-se as propostas para que sejam tutelados. Segundo Jacques Danzelot,

> a partir do final do século XIX surgiu uma nova série de profissões: os assistentes sociais, os educadores especializados, os orientadores. Todas elas se reúnem em torno de uma bandeira comum: o trabalho social. Essas profissões encontram-se, atualmente, em plena expansão. (...) Não se vinculam a uma única instituição, mas, ao contrário, enxertam-se como apêndice nos aparelhos preexistentes: judiciário, assistencial, educativo. Disseminados numa multiplicidade de lugares de inserção, guardam sua unidade, não obstante, em função de seu domínio de intervenção, que assume os contornos das classes menos favorecidas (Danzelot, 1980, p. 91-2).

Flávio da Silva Fernandes e Edison Rossi explicam que até há pouco tempo os problemas da velhice sobrecarregavam a medicina, sendo recente a consideração de que os fatores sociais têm precipitado o envelhecimento e influído em suas patologias. Assim,

> torna-se necessário o concurso de um grande número de profissionais para a caracterização fidedigna dos efeitos que ambiente, cultura, mudanças sociais, atitudes e comportamentos exercem sobre o processo de envelhecimento. No caso específico de habilitação de técnicos na área do envelhecimento e da velhice, é preciso encarar um novo tipo de formação, que atenda a este aspecto novo e emergente, que apenas recentemente se fez merecedor de maior consideração. (...)
> Em que pese o significado demográfico, sociológico e econômico do fenômeno representado pela expansão das faixas etárias mais elevadas da pirâmide de idade no Brasil, pouco ou quase nada tem sido feito no sentido de detectá-lo de maneira sistemática, de examinar as suas implicações e assim fornecer elementos para subsidiar programas adequados de promoção social do *gerontino* (Fernandes e Rossi, in Ballone, 1981, p. 23-4; grifo meu).

No momento em que os técnicos monopolizam o saber sobre a velhice, os velhos, transfigurados em objetos desse saber, são reduzidos a gerontinos, perdendo as suas particularidades enquanto ser histórico.

Continuando, os autores explicam ainda que

> a maioria das pessoas, atualmente preparadas nas diferentes disciplinas e profissões universitárias, apresentam condições limitadas no que tange à exata compreensão das condições que afetam a gente idosa. Conspiram em favor da manutenção deste quadro negativo, a reduzida valorização que as obras sociais atribuem a esses técnicos e a baixa remuneração vigente — ambos os fatos antagônicos, frente a uma causa que exige dedicação e motivação.
> Predomina ainda a tendência de se promover cuidados e realizar estudos acerca do primeiro terço de vida do indivíduo; somente nos últimos trinta anos se desenvolveu uma investigação específica em torno da

gerontologia. No Brasil, embora em número reduzido, profissionais de diferentes ramos e escolas têm produzido trabalhos sérios que despertam, inclusive, o interesse do público leigo. Contudo, para a execução de um programa para o idoso, necessitaremos de uma equipe multiprofissional, coesa em torno de seus objetivos e uniforme em suas ações, capaz de desenvolver atividades científicas de formação e treinamento de pessoal que se dedica ou queira se dedicar à gerontologia. Daí, a necessidade de começarmos por sensibilizar os núcleos comunitários de ensino, de maneira que a questão do idoso seja objeto de estudo e mereça a preocupação do maior número possível de diferentes profissões e de trabalhadores sociais voluntários (Fernandes e Rossi, in Ballone, 1981, p. 24).

Os autores enfatizam que, como a nossa sociedade

não estabeleceu condições e nem exigência para que o atendimento à velhice seja tecnicamente promovido, vem se atrasando a implantação curricular da gerontologia na sua abrangência tanto médica como social. A incompreensão existente se projeta no mercado de trabalho e, consequentemente, no mundo universitário. O assunto interessa ao MEC (Fernandes e Rossi, in Ballone, 1981, p. 25).

Afirmam, assim, que há necessidade urgente de: melhoria dos conhecimentos e habilitação do pessoal, através de programas a curto prazo ou permanentes, nos setores responsáveis pelo grupo social que envelhece; desenvolvimento do estudo da gerontologia-geriatria nas universidades e escolas técnicas; possibilidade de as pessoas idosas física e mentalmente aptas, mediante reciclagem, participarem de programas de ensino e capacitação que lhes tragam a oportunidade de trabalharem em tempo parcial pós-aposentadoria. Não veem possibilidade de consolidar o desenvolvimento da geriatria e da gerontologia se não ocorrer o apoio da universidade.

Promovendo o ensino nos campos da gerontologia e da geriatria, a universidade desenvolverá valioso serviço com vistas à aceleração de uma política social que mantenha o público idoso integrado, de forma

alguma colocado como uma população secundária, cujos direitos sejam postergados — ou somente atendidos mediante pressão. (...)
Deve haver uma preparação altamente interessada dos setores aptos a cooperar nas mudanças que determinem o lugar que compete aos idosos em nossa sociedade. Executivo e Legislativo têm que se dar as mãos dentro deste propósito, através de diretrizes, normas e leis compatíveis com o momento e o futuro, quando crescerão ainda mais as legiões de idosos, que têm, inegavelmente — como revelam outras culturas —, *um papel de agente do equilíbrio social*. (...)
Participando ativamente da informação e da formação do homem comum, a universidade estará se identificando com a comunidade em que esteja sediada (Fernandes e Rossi, in Ballone, 1981, p. 29-30; grifos meus).

A proposta médica, no que se refere à assistência aos idosos, através da ação de equipes multiprofissionais coesas, busca a promoção de uma solicitude educativa sem fronteiras, visando substituir a boa consciência da caridade pela adoção de técnicas eficazes (Danzelot, 1980, p. 92). Trata-se de uma proposta de educação vigiada: objeto de intervenção, os velhos são, ao mesmo tempo, objetos de saber. Aí entra o solicitado serviço da universidade em prol do desenvolvimento e aceleração de uma política social voltada para o idoso: o trabalho social precisa se apoiar num saber psicológico, psiquiátrico, psicanalítico, sociológico, antropológico etc., voltado para o que chamamos de "pedagogia da velhice". Entretanto, a universidade

> é simplesmente uma instituição dominante ligada à dominação. Não é uma instituição neutra; é uma instituição de classe, onde as contradições de classe aparecem. Para obscurecer esses fatores ela desenvolve uma ideologia do saber neutro, científico, a neutralidade cultural e o mito de um saber "objetivo", acima das contradições sociais (...). Hoje, ela forma a mão de obra destinada a manter nas fábricas o despotismo do capital; nos institutos de pesquisa, cria aqueles que deformam dados econômicos em detrimento dos assalariados; nas suas escolas de direito, forma os aplicadores de legislação de exceção; *nas escolas de medicina, aqueles que irão convertê-la numa medicina do capital ou utilizá-la repres-*

sivamente contra os deserdados do sistema. Em suma, trata-se de "um complô de belas almas" recheadas de títulos acadêmicos, de doutorismo substituindo o bacharelismo, de uma nova pedantocracia, da produção de um saber a serviço do poder, seja de que espécie for (Tragtenberg, 1982, p. 11; grifos meus).

Para os teóricos da velhice, o saber passa a ter um sentido messiânico: através da ação conjunta dos "esclarecidos", pretende anular a discriminação, a tragédia da velhice, contando com as trilhas da educação libertadora. Insistem na afirmação de que,

> a formação de técnicos converte-se numa preocupação fundamental, possibilitan|do ampliar as frentes que devem desenvolver atividades, ambiente para ressocialização, estímulo à mobilidade dos idosos, facultando-lhes opções e iniciativas que proporcionem o melhor sentido de autonomia (Fernandes e Rossi, in Ballone, 1981, p. 25).

Segundo os ideólogos da velhice, "os maiores abandonados" conseguirão "autonomia" na medida em que poderão contar com o apoio dos notáveis portadores de um saber específico sobre o estágio de vida em que se encontram e sobre as dificuldades que enfrentam nas relações sociais. Para tanto, há que se conseguir, nas palavras de Flávio da Silva Fernandes e Edison Rossi — através da ação conjunta do Executivo e Legislativo —, normas, diretrizes e leis que favoreçam os idosos.

Ligados à ideologia do cientificismo, os gerontólogos e geriatras

> acreditam na isenção política de suas práticas profissionais. Por esta razão, jamais procuram rever as matrizes sociais da ciência que orienta os postulados teóricos e técnicos destas práticas. Pelo contrário, permanecem atados ao "cientificismo". Redobram as medidas de controle terapêutico (Costa, 1979, p. 16).

O velho — seu objeto de pesquisa — é tratado à semelhança de coisa, descaracterizado, fragmentado, visto independentemente das suas condições objetivas de existência. Os gerontólogos e geriatras, enquanto sujeitos-investigadores, separados do seu objeto de saber — os velhos —, buscam apreendê-lo, conhecer os seus males e propor soluções para a sua vida, para o que solicitam o apoio de outros técnicos e do Estado. As representações sobre a velhice criadas pela geriatria-gerontologia, produtoras intelectuais do discurso competente sobre a velhice, são ideias da classe dominante, não passando, portanto, de expressão ideal das relações materiais dominantes;[10] as representações sobre a velhice são parte da realidade, são reflexos das relações, processos e estruturas do capitalismo. Apanhando a realidade de maneira fragmentária, o discurso médico faz a apologia do mundo burguês. Os teóricos da velhice não fazem dos idosos o terreno da "sua" ciência, para a "sua" ciência e pela "sua" ciência: pois, fazendo nossas as palavras de Chico de Oliveira,

> para além de um pobre SCIENCE FICTION, a ciência é um exercício de conhecimento e reconhecimento do próprio homem, não se faz ciência para que as abelhas se entendam melhor, senão para os homens, e mesmo quando esse percurso passa por um momento em que é necessário que as abelhas se entendam melhor, esse é somente *um momento*: o sujeito e o objeto da ciência é o homem. E cabe pois, aos cientistas recuperarem essa dimensão humanista e humanitária da ciência (Oliveira, 1976, p. 56).

Os gerontólogos e geriatras exercem, pois, o papel histórico de ideólogos ativos da classe dominante; enquanto intelectuais a serviço da ordem capitalista, fazem do aperfeiçoamento das representações sobre a velhice a garantia da sua própria sobrevivência.

Na medida em que, segundo o saber gerontológico-geriátrico, a melhor terapia para a velhice é o trabalho, a proposta da abolição da aposentadoria por tempo de serviço está presente no discurso médi-

---

10. "O ideal não é nada mais que o material, transposto e traduzido na cabeça do homem" (Marx, 1983, p. 20, v. I).

co integrando, pois, o conjunto de representações sobre a velhice. Assim, coloca Mário Filizzola:

> Todos aplaudem a ampliação de aposentadoria. Não como prêmio, mas por preconceito. Numa sociedade ainda semiartezanal [sic] como a nossa, os jovens têm mais valor porque sua produção é um pouco maior (cerca de 10%). Esse problema já não ocorre num estágio mais evoluído, em que as máquinas substituem grande parte da força muscular do homem e em que subsiste a necessidade de se utilizar o indivíduo mais experiente, mais vivido e mais velho para manipular essas máquinas. Aí o cérebro experimentado encontra aplicação (*Jornal da Semana*, 1º abr. 1979, p. 8).

O trabalho, segundo o especialista Mário Filizzola, é importante para manter o indivíduo vivo.

> A desistência perante a vida é o fenômeno da depressão. É uma doença que atinge os neurônios quando são insuficientemente nutridos e irrigados. A partir daí conclui-se que o velho triste é um velho doente, porque a tristeza é um dos sinais da má irrigação circulatória. A tristeza é o primeiro passo, depois vem o desinteresse e, em último grau, o desejo da morte (*Jornal da Semana*, 1º abr. 1979, p. 8).

Também E. J. Stieglitz se pronuncia a respeito da aposentadoria em seu artigo "A suprema tragédia da velhice é a convicção da inutilidade". Segundo ele,

> a aposentadoria tem sobre o homem um efeito catastrófico, quando ele não foi previamente preparado para isso. (...) *Tempo livre é uma das causas maiores de TENSÕES ESTRESSANTES*. Logo, a aposentadoria quando chega: desenvolve a ansiedade e reações depressivas; sensação de abandono e de não mais ser apreciada profissionalmente; volta ao estado de dependência; gera graves tensões conjugais. A aposentadoria exige revisão. Não pode ser generalizada e baseada somente no conceito cronológico. (...)

Logo, assim como devemos nos preparar para o envelhecimento, deve existir um plano de preparação para a aposentadoria.

Repetimos que a aposentadoria não pode ser generalizada, pois se muitos necessitam ser afastados do trabalho, muitas vezes até mesmo antes da idade-limite que a lei obriga, outros podem ultrapassá-la sem nenhum comprometimento da saúde física ou mental. "A MELHOR TERAPÊUTICA PARA O ENVELHECIMENTO É O TRABALHO."

A aposentadoria é não raro uma espécie de doença ou de morte que toma conta progressivamente do indivíduo, acabando por liquidá-lo, em geral, antes do tempo.

O trabalho é o melhor prêmio que a vida pode oferecer ao homem. Sem ele, a vida perde completamente o sentido, passando a ser pesado fardo. Pesado e inútil. O que se faz preciso é trabalhar com entusiasmo e, sobretudo, com humor, pois desse é que nasce a sublime alegria de viver (Stieglitz, 1978, p. 29).

Jarbas José Ávila explica que:

SABER ENVELHECER É UMA ARTE. Temos que buscar o envelhecimento com decência e dignidade. E norma geriátrica preconizar sempre o trabalho ou então uma ocupação para os idosos, com a finalidade de mantê-los sempre com a "GANA DE VIVER", sem o que sentir-se-ão abandonados e acabarão antecipando sua morte (Ávila, 1978, p. 25).

O saber médico, ao receitar o trabalho como a melhor terapêutica para o envelhecimento, propondo, assim, a revisão da aposentadoria por tempo de serviço, desconsidera a questão da exploração da mão de obra.

A questão social da velhice é formulada desconsiderando os fundamentos materiais da sua existência, vista como ameaça que paira sobre todos os homens, independentemente do lugar que ocupam no processo produtivo, camuflando o fato de que é a classe trabalhadora, formada pelos homens-mercadoria, que aciona o processo produtivo, a protagonista, historicamente constituída, da tragédia do fim da vida.

O trabalho assalariado aparece no discurso médico como remédio necessário para que a vida do homem continue tendo sentido, encobrindo, assim, a realidade criada pelo trabalho:

> A *desvalorização* do mundo humano aumenta na razão direta do *aumento do valor* do mundo dos objetos. O trabalho não cria apenas objetos; ele também se produz a si mesmo e ao trabalhador como uma *mercadoria*, e, deveras, na mesma proporção em que produz bens (Marx, in Fromm, 1962, p. 94-5).

É uma lei histórica de que no sistema capitalista o crescimento da pobreza é diretamente proporcional ao crescimento da riqueza produzida pelo trabalhador. A gerontologia e a geriatria, por intermédio do amplo receituário expresso nas normas por elas criadas, ocultam, com suas propostas paternalistas, o destino da classe trabalhadora: seu fim de vida não poderá ser diferente da existência historicamente determinada pelo sistema capitalista.

Como pode o trabalho nas sociedades de classes — que, ao produzir o próprio trabalhador como mercadoria, produz suas condições de vida e, portanto, produz a tragédia do fim da vida[11] — ter a função messiânica preconizada pela norma geriátrica? Como pode o trabalho dar sentido ao final da vida, uma vez que o homem é dominado pelo trabalho, alienado pelo trabalho?

> Pois está claro que (...) quanto mais o trabalhador se desgasta no trabalho tanto mais poderoso se torna o mundo de objetos por ele criado em face dele mesmo, tanto mais pobre se torna a sua vida interior, e tanto menos ele se pertence a si próprio. (...) Quanto maior for sua atividade, portanto, tanto menos ele possuirá. O que está incorporado ao produto de seu trabalho não mais é dele mesmo. Quanto maior for o produto de seu trabalho, por conseguinte, tanto mais ele minguará.

---

11. "Tal como os indivíduos manifestam sua vida, assim são eles. O que eles são coincide, portanto, com sua produção, tanto com *o que* produzem, como com o modo *como* produzem. O que os indivíduos são, portanto, depende das condições materiais de sua produção" (Marx e Engels, 1984, p. 27-8).

A alienação do trabalhador em seu produto não significa apenas que o trabalho dele se converte em objeto, assumindo uma existência *externa*, mas ainda que existe independentemente, *fora dele mesmo*, e a ele estranho, e que com ele se defronta como uma força autônoma. A vida que ele deu ao objeto volta-se contra ele como uma força estranha e hostil (Marx, in Fromm, 1962, p. 95).

A receita gerontológica expressa na proposta da abolição da aposentadoria por tempo de serviço:

> A aposentadoria é não raro uma espécie de doença ou de morte que toma conta progressivamente do indivíduo, acabando por liquidá-lo, em geral, antes do tempo. O trabalho é o melhor prêmio que a vida pode oferecer ao homem. Sem ele, a vida perde completamente o sentido, passando a ser pesado fardo. Pesado e inútil. O que se faz preciso é trabalhar com entusiasmo e, sobretudo, com humor, pois desse é que nasce a sublime alegria de viver (Stieglitz, 1978, p. 29),

expressa, pois, contradições presentes no discurso competente, que esconde a alienação inerente à própria essência do trabalho nas sociedades capitalistas. Embora, no exercício da filantropia científica, geriatras e gerontólogos se pronunciem na defesa dos velhos, enquanto formuladores de um discurso assentado na "ciência burguesa", onde a aparência exterior e a essência das coisas coincidem diretamente, defendem, na realidade, os interesses da classe dominante.

"A ociosidade pode levar os velhos à depressão e esta à morte", explica a ciência médica. Simone de Beauvoir pronuncia-se a este respeito:

> Quando envelhecidos, os explorados se veem condenados, senão à miséria, pelo menos a uma pobreza extrema, a moradias incômodas, à solidão e, consequentemente, a um sentimento de decadência e a uma angústia generalizadas. (...)
> Mesmo quando se conserva saudável e lúcido o aposentado não está livre de um terrível flagelo: o tédio. (...) Ao aposentado, causa deses-

pero a falta de sentido de sua vida, mas isto se explica pelo fato de ter sido sempre roubado o sentido de sua existência. (...) Ao livrar-se dos constrangimentos de sua profissão, só se vê um deserto a seu redor; não lhe foi concedida a oportunidade de se empenhar em projetos que lhe teriam povoado o universo de objetivos, valores e razões de ser (Beauvoir, 1970, p. 301).

Mas existe o outro lado da questão e que precisa ser considerado. Os dominados conseguem sobreviver com o magro pecúlio da aposentadoria? Retornam ao trabalho movidos pelo tédio a que são submetidos ao se aposentarem?

Jungla Maria Pimentel Daniel desenvolveu uma valiosa pesquisa — "A condição de vida do operário aposentado" — onde aborda essa problemática:

pode-se dizer que a aposentadoria constitui, na realidade, o desfecho institucionalizado da exploração da força de trabalho. Aposenta os operários com base em seu salário, fruto do trabalho alienado e, ao aposentá-los, rebaixa ainda mais a remuneração de sua força de trabalho. Desta forma, obriga-os a se colocarem novamente no mercado de trabalho.
A Previdência Social é uma conquista da classe operária, fruto de suas reivindicações junto à classe dominante. Mas, as leis que a regem foram redigidas por representantes desta classe dominante. Elas não procuram sanar, ou atenuar diferenças econômicas da população segurada, pelos seus benefícios e serviços. Pelo contrário, reafirmam estas diferenças. Tratam todos como iguais, mas cada um dentro de sua categoria econômica. (...) Faz com que os aposentados, por não terem condições mínimas de subsistência, sejam obrigados a voltarem a trabalhar. (...) Teoricamente, a aposentadoria tira os operários do exército ativo de trabalhadores e do exército de reserva. No entanto, coloca-os em uma condição de pauperismo profundo. Para sobreviverem a esta situação, os operários aposentados reagem, iniciando outro ciclo de vida, reingressando no mercado de força de trabalho, seja como contingente do exército ativo de trabalhadores, seja do exército de reserva, ou ainda, lumpenizando-se (Daniel, 1979, p. 175-6).

O trabalhador aposentado não consegue viver sem o trabalho que o massacrou a vida inteira, na medida em que sua vida dele depende. "A ausência de trabalho pode levar o homem à depressão e esta à morte", explicam os especialistas em velhice. Residem aí duas ordens de contradições. Em primeiro lugar, o trabalho assalariado não é fonte de vida. Na realidade,

> a mortalidade é um "gasto de trabalho" que se apresenta ora sob a forma de "desperdício de trabalho", ora sob a forma de "economia de trabalho"; a mortalidade é um "gasto de trabalho" na medida em que a produção de mercadorias e seu desdobramento natural, a produção de mais-valia, "consome" forças de trabalho. E as *consome* realmente, pois o próprio consumo produtivo da força de trabalho, isto é, a incorporação do valor, é um consumo físico. O consumo das forças de trabalho é irreparável na medida mesma em que a produção de mercadorias e a produção de mais-valia *assentam-se na apropriação de trabalho não retribuído,* e o produto do trabalho aparece como pressuposto ou reposição da continuação do processo; fisicamente, ele será também irreparável na medida em que o salário estiver por debaixo do custo de reprodução. Essa contradição é insanável no modo de produção capitalista, e por ela ou através dela se pode perceber *o que é a real submissão* da força de trabalho ao capital (Oliveira, 1977, p. 140).

Em segundo lugar, o trabalhador aposentado é forçado a tentar ingressar novamente no processo produtivo devido às condições precárias de sobrevivência em que se encontra. Busca o trabalho na velhice para conseguir manter-se vivo, não porque se realize através dele, na medida em que se trata de trabalho alienado.

> O que constitui a alienação do trabalho? Primeiramente, ser o trabalho *externo* ao trabalhador, não fazer parte de sua natureza, e, por conseguinte, ele não se realizar em seu trabalho, mas negar-se a si mesmo, ter um sentimento de sofrimento em vez de bem-estar, não desenvolver livremente suas energias mentais e físicas, mas ficar fisicamente exausto e mentalmente deprimido. O trabalhador, portanto, só se sente à vontade em seu tempo de folga, enquanto no trabalho se sente contra-

feito. Seu trabalho não é voluntário, porém imposto, é *trabalho forçado*. Ele não é a satisfação de uma necessidade, mas apenas um meio para satisfazer outras necessidades. Seu caráter alienado é claramente atestado pelo fato de, logo que não haja compulsão física ou outra qualquer, ser evitado como uma praga. O trabalho exteriorizado, trabalho em que o homem se aliena a si mesmo, é um trabalho de sacrifício próprio, de mortificação. Por fim, o caráter exteriorizado do trabalho para o trabalhador é demonstrado por não ser o trabalho dele mesmo, mas trabalho para outrem, por no trabalho ele não se pertencer a si mesmo mas sim a outra pessoa (Marx, in Fromm, 1962, p. 97-8).

Mas, sendo que a existência do trabalhador está condicionada à existência do capital, na medida em que ele

só é trabalhador quando existe como capital para si próprio, e só existe como capital quando há capital para ele (Marx, in Fromm, 1962, p. 108),

a receita preconizada pelos produtores do saber gerontológico para a velhice — o trabalho — dificilmente encontra eco na sociedade capitalista.

É difícil aos operários aposentados conseguirem trabalho assalariado devido à idade e ao estado de saúde precário.

> A empresa em que trabalham só os recebe de volta nas seguintes condições: pela qualidade de seu trabalho; pela possibilidade que a indústria vê de contratá-los como mestres para treinamento de novos trabalhadores, ou ainda pelo salário mais baixo que paga ao aposentado. Neste caso, os operários aposentados voltam a integrar o exército ativo de trabalhadores.
> Outras vezes os operários aposentados fazem parte do exército de reserva. São os trabalhadores excedentes da indústria que, quando velhos, esgotados e doentes, em vez de caírem diretamente na categoria lúmpen como acontecia antes da Previdência Social, a lei regulariza sua saída do processo produtivo. Porém, isto se dá em condições tais que voltam a ingressar no mercado de força de trabalho, onde vão competir com trabalhadores mais fortes, mais moços e com a força de trabalho menos

desgastada pelo consumo produtivo. Os operários aposentados estão sempre disponíveis para o trabalho, apesar de todas as dificuldades de conseguirem algum serviço. Enquanto esperam a oportunidade de voltar a ser assalariados, trabalham como prestadores de serviço: *por conta* ou fazendo *bico* (Daniel, 1979, p. 177).

Portanto, o aposentado vai fazer parte da violenta competição intertrabalhadores — resultado das variações cíclicas do processo de acumulação —, que é fonte de rebaixamento dos salários reais. Francisco Oliveira explica que os

> progressos da medicina preventiva funcionam como se *fossem* um mecanismo a mais de criação/ampliação do exército industrial de reserva nos países mais atrasados do sistema capitalista. Precisamente porque o controle epidemiológico incide diretamente sobre a mortalidade, elevando a vida média e a expectativa de vida, seu resultado mais imediato é um incremento da *fertilidade da força de trabalho*, isto é, da ampliação da permanência dos mesmos indivíduos na força de trabalho, em idade ativa (não se trata de incremento da fertilidade da população). Tem-se aqui, pois, um resultado duplamente determinado: a baixa da mortalidade leva diretamente a um incremento da fertilidade de trabalho (Oliveira, 1977, p. 156-7).

Uma das repercussões desse resultado sobre a reprodução da população é a ampliação do exército industrial de reserva no polo da acumulação urbano-industrial que, ajudado pela migração campo-cidade, agudiza a competição no mercado de trabalho, dando-se

> uma precoce expulsão dos mais velhos da força de trabalho, e simultaneamente uma incorporação mais rápida da força de trabalho mais jovem, inclusive de menores (Oliveira, 1977, p. 158).

Assim, são reinstauradas as altas taxas de mortalidade.

Mas existe o outro lado da questão e que precisa ser analisado para se buscar a essência da afirmação do discurso competente sobre a velhice: "a ausência do trabalho pode levar o homem à depressão e esta, à morte. A aposentadoria exige revisão".

O que está em discussão não é o significado do trabalho para o homem, como expressão do seu poder, como relação ativa dele (homem) com a natureza, por meio do qual mundo e homem são criados. O que está sendo questionado é um trabalho determinado: o trabalho assalariado a que é submetido o homem nas sociedades capitalistas. À medida que se expande a propriedade privada e a divisão do trabalho, o trabalho deixa de fazer parte da natureza do trabalhador; o produto do trabalho tem uma existência separada do homem e da sua vontade, que

> se lhe opõe como um ser *estranho*, como uma força *independente* do produtor. O produto do trabalho humano é trabalho incorporado em um objeto e convertido em coisa física; esse produto é uma *objetificação* do trabalho. A execução do trabalho é simultaneamente sua objetificação (Marx, in Fromm, 1962, p. 95).

É nas sociedades capitalistas que a alienação do trabalho atinge o seu auge:

> dentro do sistema capitalista, todos os métodos para a elevação da força produtiva social do trabalho se aplicam à custa do trabalhador individual; todos os meios para o desenvolvimento da produção se convertem em meios de dominação e exploração do produtor, mutilam o trabalhador, transformando-o num ser parcial, degradam-no, tornando-o um apêndice da máquina; aniquilam, com o tormento de seu trabalho, seu conteúdo, alienam-lhe as potências espirituais do processo de trabalho na mesma medida em que a ciência é incorporada a este último como potência autônoma; desfiguram as condições dentro das quais ele trabalha, submetem-no, durante o processo de trabalho, ao mais mesquinho e odiendo despotismo, transformam seu tempo de vida em tempo de trabalho (Marx, 1983, p. 209-10, v. I).

A depressão, a que se referem os especialistas, é expressão das condições materiais de vida, envolvendo, pois, a questão da alienação;

é consequência das relações de produção e reprodução do próprio trabalhador, portanto, fruto da forma produtiva da sociedade. O aposentado não consegue viver sem o trabalho que o anulou a vida inteira: sente-se deprimido quando é retirado do processo de produção.[12] A perspectiva de futuro para aquele que não está engajado no mercado produtivo é, segundo os gerontólogos, a morte. A análise aparece invertida: o que é consequência — situação de depressão — passa a ser causa; o que é determinado é tomado como determinante: a aparência exterior e a essência das coisas coincidem.

A norma, o trabalho, preconizada pelo saber gerontológico, integrante da ideologia da velhice — que, enquanto ilusão, expressa a "falsa consciência" dos seus ideólogos, ao mesmo tempo que cria uma "falsa consciência" sobre a realidade vivida pelos velhos —, desconsidera o fato de que o trabalhador é transformado em mercadoria e que a lei da oferta e da procura governa a produção dos homens. Desconsidera que o homem é mercadoria na medida em que é reproduzido apenas como trabalhador

> e a concorrência dessa reprodução está de acordo com as necessidades da propriedade privada (Meszáros, 1981, p. 129).

E se, na velhice, os homens sentem o vazio instalado com a aposentadoria, é porque no processo de reificação a que estão submetidos, o "prestígio" ocupado pelo trabalho foi por eles internalizado através do longo processo de educação para a vida produtiva e, consequentemente, é por eles próprios reproduzido. Quando a prática de trabalho cessa pela aposentadoria, o indivíduo é levado a reconhecer que nada mais é, a despeito do que já tenha feito. Não são apenas os trabalhadores que se tornam sujeitos ao poder exterior dominado pelo capital: dentro do quadro contraditório gerado pelo modo capitalista, isso se aplica também aos donos do capital. Ao modo capitalista de

---

12. O fato de mencionarmos o trabalhador não significa que essa alienação não afete o proprietário do capital. Como nos ensina Marx, há dois lados na mesma alienação humana: o "trabalho" é o "sujeito sem objeto", ao passo que o "capital" é o "objeto sem sujeito".

produção corresponde o modo capitalista de pensar. Trabalhar é, pois, o eixo em que se plasma e exercita com exclusividade a possibilidade pessoal de autoconsciência e autoafirmação perante a sociedade. Que resta aos homens pós-aposentadoria? A inoperância, isto é, a improdutividade, segundo o saber especializado é a *causa mortis*, o trabalho é a vida.

A gerontologia e a geriatria, desprovidas de uma consciência real do dinamismo social inerente ao antagonismo entre a propriedade privada e o trabalho assalariado, apresentam um discurso não histórico a respeito da problemática da velhice na sociedade de classes brasileira.

Nos estudos do desenvolvimento da economia urbano-industrial, ocupa lugar de destaque a análise dos efeitos que as mudanças na organização do trabalho, que o emprego cada vez maior de máquinas e equipamentos aperfeiçoados e, mesmo, a qualificação dos trabalhadores provocam nas oportunidades de empregos e nas condições de remuneração dos diversos setores da população. Enquanto o geriatra Mário Filizzola afirma, como vimos, que a valorização da mão de obra jovem ocorre em sociedades semiartesanais como a nossa, uma vez que esse problema não existe num estágio mais desenvolvido, onde as máquinas substituem em grande parte a força muscular do homem, utilizando-se, então, a mão de obra dos indivíduos mais experientes, mais vividos e velhos para manipular as máquinas, os estudos do desenvolvimento da economia urbano-industrial contrariam essa afirmação.

> A existência de um excedente de força de trabalho em relação às necessidades do sistema produtivo permite que os empregadores estabeleçam outros critérios de preferência por certas categorias de trabalhadores, além dos requisitos de qualificação inerentes às tarefas. As características de sexo, idade, origem, cor da pele etc. passam a ter importância nas oportunidades de trabalho. A preferência por homens ou mulheres, jovens ou velhos, migrantes ou não migrantes, brancos ou negros, pode resultar tanto de motivações econômicas como de preconceitos sociais. Em muitos casos, a discriminação contra determi-

nadas categorias de trabalhadores revela uma utilização econômica de preconceitos de outra ordem, como, por exemplo, o menor salário pago a mulheres e crianças em relação ao dos homens adultos empregados em tarefas idênticas. Em outros casos, a discriminação de ordem econômica dá origem a discriminações sociais, como ocorre quando a mão de obra desgastada pode ser facilmente substituída por trabalhadores jovens, criando-se uma categoria de "velhos" sem relação direta com a idade biológica. Dessa forma, as discriminações sociais e econômicas reforçam-se mutuamente, diferenciando os trabalhadores e excluindo certas camadas do mercado de trabalho. (...) Cria-se um ciclo de "vida produtiva" em que as empresas podem utilizar abusivamente de sua força de trabalho, alijando a mão de obra desgastada do mercado de trabalho. Decreta-se assim a incapacidade para o trabalho em função da mão de obra disponível, e surge, prematuramente, a categoria "velho", ainda que, em muitos casos, os trabalhadores excluídos do emprego estejam em pleno vigor de sua energia física e mental (Camargo et al., 1977, p. 80-3).

Chico de Oliveira também se pronuncia sobre esta questão:

O sistema econômico no Brasil está longe de empregar satisfatoriamente sua população e sua força de trabalho; embora seja certo que o desemprego entre os jovens seja perturbador, não se pode desmentir que o sistema econômico esteja *desempregando precocemente* as pessoas que avançam em anos; precisamente, o sistema econômico vale-se da enorme reserva de força de trabalho de que dispõe para substituir pessoas ainda em idade de trabalhar por outras mais jovens às quais paga menos; o sistema econômico unificou os mercados de mão de obra sob os conceitos de idade e sexo, valendo-se dessas distinções sempre que é possível tirar vantagens de menor remuneração (Oliveira, 1976, p. 41).

As receitas médicas, amparadas na norma geriátrica que preconiza o trabalho como necessário para manter os velhos com a "gana de viver", são representações que, desconsiderando as condições objetivas de vida da grande maioria da população, ocultam o social histórico, enquanto social fundado na divisão e na luta de classes.

A gerontologia social combate, também, a colocação dos velhos em asilos. Através desse combate visa atingir um alvo privilegiado: a família. O geriatra Marcos Smith Angulo, no transcorrer do "Ano Nacional do Idoso" (1982), em entrevista concedida à imprensa afirma ser favorável à campanha para

> conscientizar as famílias de que as pessoas com mais de sessenta anos continuam sendo úteis (*Shopping News*, 7 mar. 1982, p. 14).

Explica que a ONU justifica que optou deixar a critério de cada país a realização de campanhas a favor dos idosos por se tratar de um problema não encontrado nos países desenvolvidos, onde o velho recebe todo o amparo possível. Os velhos no Brasil, segundo ele, lutam contra um rótulo que lhes pode ser fatal: esclerosados.

> Daí para o asilo é um passo. Lá eles passam a maior parte do tempo sentados ou deitados, longe do contato com a família, recebendo medicamentos inadequados. Assim surgem as doenças (Angulo, 7 mar. 1982, p. 14).

No entanto, esclarece ainda:

> Há estudos comprovando que, de modo geral, apenas 25% são vitimados por arteriosclerose (Angulo, 7 mar. 1982, p. 14).

Para combater o estigma contra a velhice, a equipe de gerontologia social da Sociedade Brasileira de Geriatria e Gerontologia busca realizar encontros e debates onde enfatiza a necessidade de a família apoiar o idoso.

Sérgio da Hora Farias, presidente da Sociedade Brasileira de Geriatria e Gerontologia do estado de Alagoas, explica que

> Temos hoje no Brasil mais de 10 milhões de velhos com mais de 60 anos. Na atual conjuntura, as pessoas têm medo de envelhecer, pois não exis-

te nada que as deixe seguras pelo resto de suas vidas. O nosso velho sofre principalmente de carência afetiva. Os velhos das nossas famílias já estão no ostracismo, os filhos se distanciam dos pais. Tenho casos de filhos que nem querem ver os próprios pais e ficam apenas esperando que eles morram para receber a herança (Vasconcellos, 1983, p. 9).

A família não é compreendida como uma relação social historicamente determinada, assumindo, portanto, em nossa sociedade, formas e funções diferentes na classe trabalhadora e não trabalhadora.

O mais importante para o velho é o carinho da família, da sociedade e também do governo. Em seguida, uma alimentação bem orientada e alguns exercícios para não levar uma vida sedentária. O brasileiro não come bem, por isso envelhece mais rapidamente. (...)
O velho problemático (psicótico, detento) é o mais desassistido. A grande maioria deles é colocado em asilos, que são considerados pela ONU verdadeiros "morredouros" ou "cemitério dos vivos". Não existe ainda qualquer trabalho no sentido de diminuir as dificuldades dos velhos-problema. (...)
Uma das necessidades do idoso é se sentir útil, participando do dia a dia da sua família, quando ele ainda tem família. Já o velho abandonado, além de não ter ninguém para ajudá-lo, é o que tem mais problemas de saúde. Em alguns casos, mesmo os que têm família não são assistidos de maneira correta. Tenho casos que a família deixa os seus velhos trancados dentro de casa e sai para passear, sem lembrar que deixou uma pessoa só, insegura e ainda preocupada com o bem-estar dos filhos. A velhice é um problema muito sério. Tem que ser tratado por diversos setores da sociedade. (...)
Em 1982, Ano Nacional do Idoso, não se fez nada de proveitoso nesse sentido. Não podemos esperar mais. O descaso com a velhice nos deixa angustiados. E é para tratar com carinho desse assunto que existe a Sociedade Brasileira de Geriatria e Gerontologia (Vasconcellos, 1983, p. 9).

Observa-se que o combate ao estigma da velhice deve ser feito, segundo a geriatria e a gerontologia, através de esclarecimentos, palestras, debates etc., para atingir a população em geral. O sistema econômico fica imune: é como se o preconceito contra a velhice independesse das relações de produção. Por trás da aparente defesa dos velhos, encontra-se a defesa, pela filantropia médica, dos interesses do Estado, representante da minoria dominante. Os velhos crescem numericamente e, a médio prazo, o Estado não terá condições de arcar com um sistema previdenciário cada vez mais oneroso, e com a manutenção de instituições — em número cada vez maior — que abriguem "os maiores abandonados". No que se refere à prática dos asilos, o saber médico denuncia a solidão, o tratamento dispensado, a extrema inutilidade a que são submetidos os velhos.

Segundo o saber médico, o grande número de idosos internados em asilos é decorrência da marginalização a que são submetidos: o problema dos "maiores abandonados" se insere no problema mais amplo dos preconceitos sociais. É preciso que a população se esclareça; torna-se necessário que o homem seja educado para a velhice. As normas gerontológicas são claras: os velhos devem ser úteis (o que equivale dizer, precisam produzir riqueza), não podem ser um peso morto, não podem ser desamparados, não podem viver na solidão. Assim, gerontologia-geriatria procuram atingir a família: buscam sensibilizá-la, vigiá-la, assisti-la, protegê-la, para que não falhe com os velhos, para que assuma o papel de protetora da velhice a serviço do Estado, dimensão essencial do capitalismo, expressão e condição das relações e antagonismos de classe. O saber médico denuncia a situação vivida pelos velhos no interior dos asilos, procurando, com isso, sensibilizar a população.

Os "remédios" receitados são os mesmos para todos os pacientes. A questão da desigualdade social, que a velhice não é vivida da mesma forma pelos que dominam e pelos dominados, é ocultada. Permanece também dissimulado, no discurso lacunar dos especialistas, prisioneiros da ideologia, que vida e morte estão intrinsecamente ligadas, de maneira que a vida do trabalhador marcado pelo "consumo" da sua força de trabalho leva a taxas de mortalidade específicas. Vida e morte das classes trabalhadoras e não trabalhadoras dentro do crivo da teoria do valor em nada se assemelham. Assim, a mortalidade das classes não trabalhadoras, constituídas pela própria burguesia e pelos seus funcionários, é a negação da negação: ela é geralmente o inverso da mortalidade das classes trabalhadoras, precisamente porque *não* há "consumo" de forças de trabalho dessas classes. Se a mortalidade das classes trabalhadoras e função direta do "consumo" de suas forças de trabalho, a mortalidade das classes não trabalhadoras é função inversa da primeira, isto é, é função direta dos níveis de mais-valia apropriados e de sua repartição entre capital e renda (Oliveira, 1977, p. 140-1).

A gerontologia e a geriatria, apropriadoras dos segredos da velhice, com seu corpo sistematizado de representações e de normas objetivam ensinar os homens a conhecer a velhice e agir em conformidade com as suas prescrições. Buscam a reorganização dos comportamentos educativos em torno de dois polos bem distintos, sendo que as estratégias propostas são diferentes para cada um. O primeiro tem por eixo a difusão dos preceitos médicos, isto é, um conjunto de conhecimentos e de técnicas que devem levar os velhos a tomar consciência do que é clinicamente a velhice; com isso pretendem a preservação do corpo. O segundo poderia agrupar, sob a etiqueta de "economia social", todas as formas de direção da vida dos velhos com o objetivo de diminuir o custo social de sua manutenção. Desta forma, a gerontologia e a geriatria se propõem a exercer o monopólio da velhice, lutando pela saúde do "corpo capitalista", defendendo a ideologia capitalista do homem sadio, do homem produtivo. Desconsiderando as condições objetivas de existência dos velhos, para elas o que conta é a universalidade da saúde. Entretanto,

> o que interessa pôr em evidência é que a saúde é muito mais determinada pelas condições de vida, de trabalho, de dispêndio de energias físicas e mentais, de renda, de uma população e especificamente diferenciada segundo as classes e grupos sociais e seu acesso e participação na riqueza nacional; secundariamente, intervém a medicina, em primeiro lugar a preventiva e, em segunda e remota importância, a curativa. (...) E o déficit acumulado durante toda uma vida, a partir de deficiências nutricionais, de um trabalho desgastante, que cedo come-

çam a se refletir nas doenças de massa, na velhice precoce, não pode ser jamais reparado, mesmo com todas as grandes conquistas médicas e farmacológicas dos últimos cinquenta anos. Essas grandes conquistas, patrimônio que deveria ser universal em seu sentido mais amplo, mostra da tenaz construção do homem a partir do próprio homem, não podem senão evitar a morte; serão incapazes, entretanto, de dar ou restituir a saúde, *se as condições estruturais de geração da saúde* não forem radicalmente transformadas (Oliveira, 1976, p. 42).

As três propostas: educação, trabalho e família — tripé onde se assentam as ideias, noções, valores e normas, isto é, o conjunto de representações sobre a velhice —, formuladas pela geriatria e pela gerontologia, estão articuladas contraditoriamente, porém, de tal maneira que formam um todo integrado. Configuram um "modelo" a ser utilizado pelo homem para relacionar-se com seu corpo, com os outros homens e com a vida.

A realidade reificada da cultura dominante estendida

progressivamente ao conjunto da vida psíquica dos homens, onde faz predominar o abstrato e o quantitativo sobre o concreto e o qualitativo (Goldmann, 1959, p. 64-106),

é consubstanciada na "ciência" produtora do saber sobre a velhice que, seduzida pelo culto ao cientificismo, produz um discurso fetichista sobre a velhice: suas representações misteriosas encobrem a origem da produção social da velhice trágica; encobrem a realidade vivida pelo homem durante toda a trajetória de sua vida. A problemática social da velhice, assim como é formulada pelos seus teóricos, de forma autônoma, independentemente da realidade concreta que a produz, é uma falsa questão: expressão da ideologia dominante.

Capítulo 2

E o Estado, como se pronuncia?

1. A velhice como objeto de intervenção legal no Estado brasileiro

A orientação anarcossindicalista exerceu hegemonia no seio da classe operária até o princípio da década de 1920, quando o projeto libertário foi perdendo sua força. A bandeira responsável pela grande movimentação operária foi a da luta por reivindicações econômicas e sociais, não chegando, assim, o anarcossindicalismo a se apresentar como um adversário político (Antunes, 1982, p. 64-5; Vianna, 1978, p. 73). Reivindicações objetivando melhoria dos índices salariais, redução da jornada de trabalho, férias, aposentadoria, regulamentação do trabalho de mulheres e crianças etc. consistiam numa constante nas manifestações grevistas e nos congressos operários e sindicais nas primeiras décadas do nosso século.[1]

---

1. "O ciclo de greves operárias, que se inicia em 1901 no Estado de São Paulo, e que terá seus pontos culminantes nas greves gerais de 1917 e 1919, originariamente motivadas por meras

A mobilização da classe operária teve como resposta uma série de medidas legais: a Lei n. 3.724, de 15/1/1919, sob a vigência da Constituição de 1891, ampara os operários vítimas de acidentes de trabalho, ficando estabelecido que o seguro de acidentes seria coberto por empresas privadas. No ano de 1923 foram instituídas as Caixas de Aposentadorias e Pensões (CAPs) para os ferroviários e criado o Conselho Nacional do Trabalho, pelas Leis n. 4.682, de 24 de janeiro — a conhecida Lei Elói Chaves —, e pela de n. 16.027, de 30 de abril, respectivamente.

Em 1926 foi assinada a Lei de Férias e a do Código de Menores. Também nesse ano, estendeu-se o sistema das CAPs aos trabalhadores da estiva e marítimos, sendo que o seu número aumentou rapidamente, chegando a 183 em 1937. No ano seguinte criava-se a Lei de Seguros contra Doença.

No período que se estende de 1931 a 1933, imediatamente após a Revolução de 1930 — que significou o fim do ciclo agrário-exportador e a instalação gradativa das bases para a acumulação industrial no Brasil —, foram baixadas disposições legais sobre matéria trabalhista, levando à criação do Departamento Nacional do Trabalho; à criação das carteiras profissionais; à disposição sobre a duração de oito horas de jornada de trabalho para os comerciários e industriários; à regulamentação do trabalho de menores na indústria; à institucionalização das Comissões Mistas de Conciliação e Julgamento; à regulamentação do trabalho feminino; à alteração da legislação das Comissões Mistas de Conciliação, concedendo o direito de demanda apenas aos sindicalizados; à concessão de férias aos bancários e industriários.

É oportuno lembrar que a atuação controladora do Estado, no que se refere à política sindical, levou à desmobilização da classe operária, particularmente após 1935. A Revolução de 1930 excluiu as classes populares da direção econômica, social e política do país,

---

questões salariais, logo combinará a reivindicação econômica com a exigência de um direito fundamental do trabalho (jornada de trabalho), seguro contra acidentes, aposentadoria, regulamentação do trabalho do menor, da mulher, férias, horas extras etc." (Vianna, 1978, p. 51).

conciliando os interesses "intocáveis" dos latifundiários com os da emergente burguesia industrial. Com justeza afirma Ricardo Antunes:

> Na verdade, o traço fundamental naquele momento foi a exclusão das classes populares de qualquer participação efetiva e a repressão política e ideológica desencadeada pelo Estado, através da política sindical controladora e da legislação trabalhista manipulatória (Antunes, 1982, p. 73).

A luta da classe operária objetivando a conquista dos direitos fundamentais do trabalho foi habilmente enfraquecida pela ideologia do varguismo. Com igual justeza, explica Evaldo Amaro Vieira que, a partir de 1930,

> No que diz respeito à política social, se concebeu e se pôs em prática aos poucos um conjunto de instrumentos legais, com a finalidade de permitir que as camadas populares conseguissem reclamar perante o Estado a satisfação de seus direitos. Até mesmo aquilo que se vinha denominando "questão social" transfigurava-se em questão legal (Vieira, 1985, p. 12).

Getúlio Vargas constantemente insistia que a ausência de violência e de luta de classes caracterizava a construção da legislação referente ao trabalho e à Previdência Social.

A Constituição de 1934, que objetivou "legalizar" o governo provisório, teve pouca duração, sendo substituída por uma Carta outorgada a 10 de novembro de 1937.

Uma importante novidade encerrada nas normas constitucionais de 1934 diz respeito à introdução de preceitos referentes à legislação trabalhista e à criação da Justiça do Trabalho "para dirimir questões entre empregadores e empregados, regidas pela legislação social". Cabe ressaltar, em função do interesse que representa a este estudo, a alínea *h*, § 1º do art. 121, que reza:

> assistência médica e dentária ao trabalhador e à gestante, assegurada a esta descanso, antes e depois do parto, sem prejuízo do salário e do emprego, e instituição de previdência, mediante contribuição igual da

União, do empregador e do empregado, *a favor da velhice* (grifo meu), da invalidez, da maternidade e nos casos de acidentes de trabalho ou de morte.

Às CAPs somaram-se, a partir de 1930, os Institutos de Aposentadorias e Pensões (IAPs), sob a égide direta do Estado, sendo que o vínculo passa a ser por categorias profissionais, não mais por empresa. Aposentadorias e pensões continuam sendo o benefício fundamental a ser oferecido, assistência médica, o secundário. Segundo Amélia Cohn,

> a coexistência das CAPs com os IAPs no fundo contrapõe duas formas de organização da Previdência Social: a forma privada, representada pelas primeiras, e a forma estatal, representada pelos segundos (Cohn, 1981, p. 8).

No segundo governo de Vargas a Previdência Social continuou a estender seus benefícios apenas a uma parte da população ativa das cidades, não cobrindo os empregados domésticos, trabalhadores autônomos e profissionais liberais, como também os funcionários civis e militares que eram atendidos por regime previdencial próprio, excluindo, da mesma forma, os trabalhadores rurais.

> Na época, a Previdência Social abrangia parte relativamente pequena dos habitantes do país, mas parte muito significativa em termos de pressão sobre o poder. Assim, em 1952, ela assistia cerca de 19% da população brasileira, por meio de 30 Caixas e 5 Institutos de Aposentadorias e Pensões (Vieira, 1985, p. 58).

Vale ressaltar que o segundo governo de Vargas — 1951-1954 —, para garantir a reforma do sistema previdenciário, pretendia realizar estudos para a promulgação da Lei Orgânica da Previdência Social (LOPS), através da Comissão Nacional de Bem-Estar Social, órgão do Ministério do Trabalho, Indústria e Comércio. Entretanto, essa medida racionalizadora viria somente a se concretizar após o advento da mensagem enviada ao Congresso contendo o projeto da LOPS, em 1956, na gestão de Juscelino Kubitschek, com a promulgação do Decreto n. 3.807/1960.

Com a LOPS conseguiu-se a uniformização da legislação previdenciária no que se refere às *contribuições* — estipula em 8% do "salário-benefício" do empregado e a mesma porcentagem de recursos do empregador e da União, respectivamente; aos *benefícios* — prestações em dinheiro sob a forma de aposentadoria e pensões; e aos *serviços* — assistência hospitalar, farmacêutica, médica, odontológica e alimentar.

A partir dessa lei, benefícios e serviços passam a ter a mesma importância na definição das finalidades da Previdência Social.

Apesar da conquista no que se refere à uniformização, a LOPS apresentou lacunas e incoerências como, por exemplo, a exclusão dos trabalhadores rurais da Previdência Social, apesar de que, segundo a lei, deveriam estar nela integrados todos aqueles que exercessem atividade remunerada no território nacional, e a continuação da contribuição tripartite — Estado, empregador, empregado. Dentre os benefícios consagrados destaca-se, pela importância que tem a este estudo, a aposentadoria por velhice, por tempo de serviço e, inclusive, a aposentadoria especial, dispostos nos capítulos IV (art. 30) e V (art. 31).

No governo de Castello Branco, em novembro de 1966, pelo Decreto-lei n. 72, foi criado o imenso aparelho burocrático Instituto Nacional de Previdência Social (INPS), dando-se, assim, a fusão dos IAPs e do Serviço de Assistência Médica Domiciliar e de Urgência (SAMDU). Desaparecia, com esse mesmo decreto-lei, o Serviço de Alimentação da Previdência Social (SAPS). Até o momento da unificação, permaneceu, portanto, praticamente sem alterações, o sistema previdenciário da década de 1930.

Com o golpe militar de 1964, e a consequente política econômica e social instaurada pela tecnoburocracia a serviço do capital, dá-se a total exclusão da classe trabalhadora do processo político. Explica Octavio Ianni que, em 1964, no governo de Castello Branco, foi estabelecido o "arrocho salarial", sendo que a política salarial funcionou como uma política de "confisco salarial" (Ianni, 1979, p. 278). Nos anos que se seguem foi notório o empobrecimento das classes trabalhadoras em nome do controle da inflação e da reprodução crescente do capital.

Dentro do quadro do "novo trabalhismo", em que os sindicatos não mais exercem suas práticas reivindicatórias, os artigos 30 e 31, dispostos nos capítulos IV e V, respectivamente, da LOPS, referentes à aposentadoria por tempo de serviço e à aposentadoria especial, foram revogados pelo art. 34 da Lei n. 5.890, de 8/6/1973. Ainda durante o governo de Emílio G. Médici, pelo Decreto n. 72.771, foi aprovada a regulamentação da Lei n. 3.807/1960, com as alterações introduzidas pela Lei n. 5.890/1973. No que tange à aposentadoria por velhice, será devida ao segurado que completar 65 ou mais anos de idade, quando do sexo masculino, ou 60 ou mais anos de idade quando do feminino. Segundo esse decreto, para fazer jus ao benefício o requerente à aposentadoria deverá se desligar, se for o caso, de qualquer atividade remunerada que exerça. Também, segundo o decreto, será convertido em aposentadoria por velhice o auxílio-doença ou a aposentadoria por invalidez do segurado que tiver 65 ou 60 anos de idade, conforme seja do sexo masculino ou feminino, respectivamente.

O Decreto n. 72.771 reza ainda que a aposentadoria por velhice poderá ser requerida pela empresa no caso de o segurado ter completado 70 ou 65 anos, conforme seja do sexo masculino ou feminino.[2]

Em 11/12/1974, no governo Geisel, foi assinada a Lei n. 6.179, que instituiu o amparo previdenciário para maiores de 70 anos de idade e para inválidos, *definitivamente incapacitados para o trabalho*, que não exerçam atividade remunerada, não sejam mantidos por pessoas de quem dependam obrigatoriamente e não tenham outro meio para o próprio sustento. É importante frisar que o pagamento deste benefício será igual *à metade* do maior salário mínimo vigente no país, não

---

2. Cf. BRASIL. Decretos. *Consolidação da Previdência Social*. Decreto n. 72.771, 6/9/1973. 10. ed. São Paulo: Mapa Fiscal, 1978. v. I, p. 474.

podendo ultrapassar 60% do valor do salário mínimo do local de pagamento. Fará jus ao benefício o requerente que, conforme o caso, tenha contribuído durante pelo menos doze meses para o INPS; tenha ingressado no regime de INPS após completar 60 anos de idade; tenha exercido atividades remuneradas atualmente incluídas no regime do INPS ou do Funrural, mesmo sem filiação à Previdência Social.[3]

Como era de se esperar, a concessão desse "amparo" à velhice teve repercussão em setores conservadores da intelectualidade. É o que atesta a referência a essa lei pelo procurador aposentado do INPS e professor de Direito Previdenciário da Universidade Gama Filho, J. R. Feijó Coimbra, em seu livro *Direito previdenciário brasileiro*. Segundo o autor, a proteção à velhice,

> criada pela Lei n. 6.179, de 11/12/1974, embora tenha por fato gerador, basicamente, a incapacidade laborativa produzida pela idade avançada, busca, na verdade, seu elemento material em fatores mais complexos. Não é, manifestamente, uma prestação previdenciária como as demais: *na verdade é o primeiro passo no sentido de uma gloriosa era de seguridade social, que se pode agora perceber avizinhando-se.* Basta ver que não se dirige ela ao segurado, no sentido que lhe dá a CLPS. O beneficiário é o cidadão de mais de 70 anos, definitivamente incapaz para o trabalho, sem outros rendimentos e sem ter quem lhe forneça meios de manutenção (Coimbra, 1980, p. 173; grifos meus).

Referindo-se às exigências da Lei, defende que,

> malgrado indispensáveis ante a magnitude do problema que se tinha em mira solucionar, *não impedem que muitos dos que, até bem pouco tempo, esmolavam pelas ruas das cidades possam agora ter um mínimo de suporte financeiro, dado como obrigação estatal e, portanto, social, e não mais como deprimente caridade. Já é a primeira afirmativa de que o necessitado também tem direitos e que a sociedade os reconhece* (Coimbra, 1980, p. 174; grifos meus).

---

3. Cf. BRASIL. Leis. *Consolidação da Previdência Social*. Lei n. 6.179, 11/12/1974. 10. ed. São Paulo: Mapa Fiscal, 1978. v. I, p. 256-7.

Entretanto, a eficácia desse "amparo" que parece patente para o entusiasmado professor Feijó Coimbra exige questionamento. Há que se ressaltar contradições como, por exemplo, entre os interesses que o Estado anuncia desejar atender e os que realmente atende. Seu objetivo real não coincide com o proclamado. O discurso do "combate à mendicância", enfatizado pelo professor Coimbra, alimenta um outro discurso — o da grandeza e do ufanismo da época. Cumpre recordar que a Lei n. 6.179 foi assinada no "momento da euforia", do "milagre brasileiro", do "Pra Frente Brasil, Brasil", da aplicação dos atos institucionais, justificada pelos donos do poder, os militares — aliados aos interesses da classe dominante que buscava recompor sua hegemonia —, como imprescindível para "salvar e garantir a democracia". Criavam-se *slogans* para reforçar o prometido pelo Estado: melhoria das condições de vida a toda população. A afirmação do jurista, "na verdade é o primeiro passo no sentido de uma era de seguridade social", refletindo a crença na pujança emergente do país — de tal sorte que, da ação do Estado que fez baixar este amparo previdenciário, brotaria uma "era de seguridade social" —, é disseminadora da ideologia dominante. Enquanto a claque aplaude as medidas que buscam obscurecer as contradições, a miséria continua. O Estado buscava convencer o povo de que o sacrifício de todos seria logo recompensado; de que um futuro grandioso estava sendo sabiamente preparado. É justamente neste clima, gerado pela ditadura militar no poder, que foi assinado este "benefício" ao idoso.

Em 22/1/1975 a Orientação de Serviços n. SSS 501.67 baixou as instruções disciplinadoras da Lei n. 6.179/1974, de acordo com a Resolução do INPS n. 501.30, de 21/1/1975.

O ministro do MPAS, considerando o que foi chamado de "caráter eminentemente social e humano da Lei n. 6.179/1974", e tendo em vista proporcionar maior facilidade aos seus destinatários, baixou a Portaria n. 212, em 19/5/1975, dispondo que: não prejudicará o direito ao amparo previdenciário instituído pela Lei n. 6.179 a percepção, pelo amparado, de renda em dinheiro de valor não superior ao da renda mensal de que trata a mencionada lei; a residência em casa de outrem, parente ou não, a condição de internado ou asilado.[4]

Em 4 de junho do mesmo ano é assinada a Lei n. 6.210, que extinguiu as contribuições sobre benefício da Previdência Social e a suspensão da aposentadoria por motivo de retorno à atividade, e deu outras providências.

Alguns meses após, em 24/9/1975, é promulgada a Lei n. 6.243, regulando a situação do aposentado pela Previdência Social que volta ao trabalho e a do segurado que se vincula a seu regime após completar 60 anos. Vale destacar seu art. 1º, que dispõe o seguinte:

> O aposentado pela Previdência Social que voltar a trabalhar em atividade sujeita ao regime da Lei n. 3.807, de 26 de agosto de 1960, terá direito, quando dela se afastar, a um pecúlio constituído pela soma das importâncias correspondentes às suas próprias contribuições, pagas ou descontadas durante o novo período de trabalho, corrigido monetariamente e acrescido de juros de 4% (quatro por cento) ao ano, não fazendo jus a outras prestações, salvo as decorrentes de sua condição de aposentado.[5]

Na década de 1970 foram assinadas outras deliberações referentes à Previdência Social, cuja análise foge ao real objetivo deste estudo por não se referirem ao idoso.

O que é fundamental ressaltar, utilizando as palavras de Octavio Ianni é que, a partir de 1964,

> muito da problemática da revolução burguesa e do caráter autoritário do Estado se recolocou de forma escancarada, brutal. Nesse tempo, o Estado fascista se impõe e sobrepõe às classes e grupos assalariados, às regiões e aos "cidadãos", como um vasto bloco de poder articulado segundo as exigências da grande burguesia financeira e monopolista

---

4. Cf. BRASIL. Portarias. *Consolidação da Previdência Social*. Portaria n. 212, 19/5/1975. 10. ed. São Paulo: Mapa Fiscal, 1978. v. II, p. 105-6.

5. BRASIL. Leis. *Consolidação da Previdência Social*. Lei n. 6.243, 24/9/1975. 10. ed. São Paulo: Mapa Fiscal, 1978. v. I, p. 268-9.

(estrangeira e nacional). É tão acentuado o divórcio entre o Estado e a maioria da sociedade civil, que o povo se sente estrangeiro no próprio país; emigra para dentro de si mesmo (Ianni, 1984, p. 19).

Esclarece ainda Ianni que o Estado autoritário instalado em 1964, garantindo a segurança e a ordem, e tendo em vista beneficiar a grande burguesia, desorganizou a liberdade de associação da sociedade civil. Engendrando dois núcleos ideológicos para a sustentação do poder — a doutrina de segurança e desenvolvimento, e a ideia de revolução —, o poder estatal se impôs à sociedade, que é pensada como incapaz de autogovernar-se (Ianni, 1984, p. 67-8).

Segundo Chico de Oliveira, as formas de conflito social passam, então, a ser outras.

As classes populares, soldadas pela dialética da reprodução ampliada do capital, já não se dirigem ao Estado peticionando no sentido de que aquele consiga ou imponha concessões de parte da burguesia internacional associada; dirigem-se contra o Estado (Oliveira, 1976, p. 65).

E, encaminhando a nossa análise conforme as conclusões do autor, nos perguntamos: pode o Estado brasileiro voltar-se para a solução do denominado "problema da velhice"? Na medida em que a "simbiose Estado-burguesia-internacional-associada" coloca-se contra a nação, necessário se faz que derrubemos a crença de que isso é possível.

Entretanto, não foram poucas as palavras e os planos da ditadura militar para supostamente oferecer aos idosos uma assistência social coerente com as suas necessidades. Passemos ao seu conhecimento.

2. A ideologia da cumplicidade

A primeira medida que normatiza a prestação da assistência aos beneficiários idosos pelo INPS foi a Portaria n. 82, de 4/7/1974.

As normas baixadas dizem respeito à assistência aos idosos, à prestação direta e indireta e aos acordos para internação custodial considerando que: já é prestada assistência médica ao beneficiário idoso da Previdência Social através de postos, ambulatórios e hospitais próprios e por meio de serviços contratados ou credenciados; a velhice condiciona o aparecimento de fatores diversos, sendo que os componentes, predominantemente sociais, não configuram casos exclusivos de assistência médica; verifica-se incidência de segurados idosos que ocupam leitos hospitalares do INPS por abandono da família; medidas de proteção devem ser oferecidas pelo INPS para evitar a marginalização dos idosos.

A assistência, segundo a portaria, será prestada diretamente pelo INPS através do serviço social, e indiretamente, por meio de acordos com instituições da comunidade, sempre que possível, de forma global, abrangendo os aspectos biopsicossociais. Dispõe que a prestação direta

> será desenvolvida no Centro do Serviço Social (...) ênfase a atuações de caráter preventivo e de motivação da comunidade, visando a conscientizar a sociedade em relação ao problema do idoso.[6]

Ainda conforme a portaria, a prestação indireta — que se fará mediante acordos com instituições especializadas objetivando a internação custodial — se destinará exclusivamente aos segurados aposentados, a partir dos 65 e dos 60 anos, conforme sejam do sexo masculino ou do feminino, respectivamente, e aos pensionistas de ambos os sexos, a partir dos 60 anos. São os seguintes os critérios que nortearão a autorização da internação dos idosos: desgaste físico e mental impossibilitando a autossuficiência para as atividades de vida diária; carência de recursos financeiros próprios ou do grupo familiar para prover alojamento; inexistência de família ou abandono por parte da mesma. Resta, ainda, observar que os recursos financeiros destinados

---

6. BRASIL. Portarias. *Consolidação da Previdência Social*. Portaria n. 82, 4/7/1974. 10. ed. São Paulo: Mapa Fiscal, 1978. v. II, p. 74.

ao custeio da assistência aos idosos serão provenientes da porcentagem da receita de contribuições do INPS indicada pela Coordenação de Serviços Atuariais.

Entretanto, sob o peso do "aparelho mental" do Estado, os idosos estiveram longe de ser assistidos. Na medida em que o modelo de desenvolvimento capitalista implicou a expansão da empresa privada, a direção do INPS, em 1968, justificando objetivar a solução satisfatória ao atendimento médico para toda a população brasileira, acabou investindo na rede hospitalar privada composta por 2.373 unidades. As empresas médicas reduzem as despesas médico-hospitalares endoidecidas pela ganância do lucro, oferecendo, portanto, um péssimo atendimento.

Em 1º/9/1977, a Lei n. 6.439 instituiu o Sistema Nacional de Previdência e Assistência Social (SINPAS), que passou a funcionar sob a orientação e coordenação do MPAS. Concessão e manutenção de benefícios e prestação de serviços; custeio de atividades e programas; gestão administrativa, financeira e patrimonial, são as funções atribuídas a essa instituição. O art. 5º da lei reza que:

> Ao INPS compete conceder e manter os benefícios e outras prestações em dinheiro, inclusive as atualmente a cargo do Ipase e do Funrural, e os serviços não retribuídos por força desta Lei a outra entidade.[7]

Dois meses após a institucionalização do SINPAS, em 9/11/1979, a Portaria n. 82 — que desde 1974 norteava a assistência aos beneficiários idosos pelo INPS — foi revogada pela Portaria n. 25. Os critérios reguladores para a prestação de assistência à população idosa são justificados pela necessidade de operacionalizar as Diretrizes Básicas de Política Social, pela importância de se desenvolver uma ação integrada entre os órgãos do poder público e os da esfera privada, a fim de se evitar ações dispersas e esforços isolados, pela função atribuída pelo SINPAS à Legião Brasileira de Assistência (LBA),

---

7. BRASIL. Leis. *Consolidação da Previdência Social.* Lei n. 6.439, 1º/9/1977. 10. ed. São Paulo: Mapa Fiscal, 1978. v. I, p. 303.

qual seja, a prestação de assistência social ao idoso, inclusive ao não previdenciário.

Se compararmos estas justificativas com as da Portaria/MPAS n. 2.864, baixada três anos após, isto é, em 5/5/1982, assinada pelo então ministro Jair Soares, podemos observar que passam a ser outros os fundamentos utilizados para justificar a política assistencial voltada à velhice. Além dos dois primeiros "considerandos" da portaria anterior, retrocitados, aparecem os seguintes: a necessidade de identificação de novas formas de atendimento que substituam com vantagens os programas tradicionais de assistência à velhice, enfatizando-se, principalmente, aqueles que ampliem as possibilidades de integração social do idoso; a necessidade do envolvimento e da participação da família, da comunidade e das entidades assistenciais públicas e privadas que atuam na área de atendimento ao idoso; a necessidade de planejar, coordenar e controlar os planos e programas a fim de garantir o funcionamento harmônico das ações em todos os níveis de administração das entidades do SINPAS.

A análise comparativa dos objetivos delineados em ambas as portarias nos permite concluir que — da mesma forma que ocorre com as justificativas — os da última, isto é, a de 5/5/1982, são mais amplos e expressam o ideário defendido pela gerontologia e pela geriatria. Vejamos. Enquanto a portaria de 9/11/1979 tem um único objetivo, "o de propiciar a integração do idoso, principalmente no que diz respeito à melhoria das condições de vida, ao fortalecimento dos laços familiares e à formação de uma atitude positiva em relação à velhice", a portaria de 5/5/1982 arrola nada menos que seis objetivos:

— prevenir a marginalização e promover a integração do idoso na família e na comunidade por intermédio de programas preventivos, terapêuticos e promocionais;

— estender a assistência ao maior número de idosos, proporcionando-lhes atendimento global;

— prevenir a segregação do idoso, por meio de incentivos a programas inovadores que aumentem a eficácia do atendimento das necessidades básicas do idoso, com sua ativa participação;

— garantir padrões de qualidade nos serviços especializados para atendimento ao idoso junto à família e à sua comunidade;

— promover programas educativos visando estimular a adoção de atitudes positivas em relação ao envelhecimento;

— proceder a melhor utilização e aproveitamento dos recursos destinados à assistência ao idoso.

Nas duas portarias é considerado idoso o indivíduo vinculado ou não ao sistema de Previdência Social urbana ou rural, maior de 60 anos e quem, embora não tenha atingido esse limite, esteja exposto a um acelerado processo de envelhecimento. A portaria de 5/5/1982 esclarece que se entende por "acelerado processo de envelhecimento" o decorrente de condições orgânicas, ambientais, padrões culturais e situação econômica, responsáveis pelo aparecimento e instalação de sinais identificados com as características do envelhecimento.

Da Portaria n. 25, de 9/11/1979, destacamos, em função do que nos propomos analisar, que a prestação de assistência deverá se processar através do tratamento social individualizado, da formação e dinamização de grupos e da mobilização comunitária. O tratamento social individualizado visará, segundo o documento, "à melhoria do desempenho do papel social do idoso". Os grupos de idosos terão como objetivo "elevar o nível de participação e de convivência social da clientela e prevenir as dificuldades decorrentes do envelhecimento". Finalmente, a mobilização comunitária buscará "a formação de atitude positiva em face da problemática da velhice" por meio: da utilização do trabalho de voluntariado, para atuar como efeito multiplicador na integração do idoso no contexto família-entidade-comunidade; do intercâmbio de experiências do trabalho realizado pelas entidades a fim de obter informações mútuas e programações integradas; da utilização dos meios de comunicação social, visando promover a imagem positiva do idoso, sua participação na família e na comunidade, bem como a criação ou utilização de recursos sociais.[8]

---

8. Cf. BRASIL. Portarias. *Diário das Leis*. Portaria MPAS n. 25, 9/11/1979. São Paulo, 21 nov. 1979, p. 3527-8.

Ora, esse dispositivo legal atende a muitas das normas prescritas pela gerontologia-geriatria, que foram objeto de análise no capítulo anterior.

Entretanto, a análise do conteúdo da Portaria MPAS n. 2.864, de 5/5/1982, nos leva à conclusão de que os escribas do "Estado de exceção", ao longo de quase duas décadas, já estão aperfeiçoados na arte da redação de discursos fundamentados nas "ciências neutras" e treinados o suficiente no engenho da redação de palavras soltas de um poder que, teoricamente, se volta para a qualidade do fim da vida, e que, na prática, se materializa contra a vida impondo o "arrocho salarial", censurando, intervindo nos sindicatos, prendendo, assassinando operários e camponeses. Transcrevemos a seguir um trecho retirado do tópico "Da natureza dos serviços", para que o leitor possa examiná-lo:

> 3. Os serviços prestados pela LBA, INPS, INAMPS e CEME, entidades integrantes do SINPAS, serão de natureza preventiva, terapêutica e promocional, visando ao atendimento das necessidades básicas da população idosa.
> 3.1 São consideradas ações de natureza preventiva as que se voltam, preferencialmente, para o desenvolvimento de atitudes positivas face ao envelhecimento.
> 3.2 São consideradas ações de natureza terapêutica as que visam ao tratamento de dificuldades e problemas apresentados pelos idosos.
> 3.3 São consideradas ações de natureza promocional as que propiciam ao idoso condições de ser socialmente útil frente à família e à comunidade.[9]

Como vimos no capítulo anterior, a geriatria tem por objeto de estudo questões relativas à patologia da velhice, dividindo-se em geriatria preventiva, curativa e paliativa. É interessante observar que a portaria anterior, no que se refere à natureza dos serviços, prevê uma

---

9. BRASIL. Portarias. *Diário das Leis*. Portaria MPAS n. 2.864, 5/5/1982. São Paulo, 12 maio 1982, p. 5.

atuação eminentemente "geriátrica", por intermédio de serviços prestados pela LBA, INPS, INAMPS e CEME, entidades do SINPAS, e nos tópicos referentes à "Área de Ação" e "Atendimento", esclarece sobre a esfera de competência dessas entidades e sobre os princípios norteadores do atendimento ao idoso em que elas se baseiam. O conteúdo e a linguagem utilizados expressam as relações da Previdência com as especialidades autônomas da medicina que cuidam da patologia do idoso e do processo de envelhecimento, isto é, com a geriatria e a gerontologia social, respectivamente. Embora a universalidade da velhice só exista em nível de discurso, o Estado serve-se do "saber médico" — o único autorizado, enquanto "saber legítimo" — na sua tentativa de amortizar as contradições referentes ao fim da vida dos indivíduos na sociedade de classes brasileira. O poder, levando à produção de um tipo de saber necessário à dominação, dele se serve para a sua própria reprodução. Tentando cobrir o sol com a peneira, o Estado busca difundir a crença da sua preocupação com a prevenção da marginalização e promoção da integração do idoso; com a extensão da assistência ao maior número de idosos; com a prevenção da segregação do idoso; com a garantia de padrões de qualidade nos serviços especializados para atendimento ao idoso; com o estímulo de atitudes positivas em relação ao envelhecimento etc.

O conteúdo desses documentos revela a preocupação do Estado com os idosos, por um lado, acenando com a prestação de satisfatória assistência médico-hospitalar e, por outro, promovendo novas condições de educação que possam fazer frente aos efeitos maléficos do estigma a que estão submetidos. Verifica-se a tentativa de reorganização dos comportamentos educativos com a finalidade de mudar a imagem da velhice. Os objetivos expressos coincidem com o rol de normas que a geriatria e a gerontologia apontam como fundamentais para se buscar o envelhecimento sem velhice.

Voltemos ao contexto da época. No período 1979-1982, quando foram baixadas as últimas portarias normatizadoras da assistência aos idosos, era grande a agitação no país: ao significativo protesto operário somavam-se forças advindas de setores da classe média, da

Igreja, dos meios estudantis, das comunidades de base, da Ordem dos Advogados do Brasil etc. O povo, buscando livrar-se do espartilho de normas em que estava comprimido há uma década e meia, coloca-se contra o Estado, cujo modelo econômico — capitalismo monopolista-associado — deixava o povo em frangalhos. O "milagre" não se concretizara. Da festa restaram os detritos. A situação mudara. Segundo Florestan Fernandes,

> Trata-se "de uma era de prestação de contas". O governo ditatorial procura esquivar-se, como se o tempo perdido inutilmente para a contrarrevolução e seus fins históricos, sua incompetência (testada pelos fatos) e os erros colossais — contra as classes trabalhadoras, os interesses coletivos da nação e o equilíbrio do Estado (reduzindo a um centro de atividades conspirativas de uma contrarrevolução que perdeu seus rumos) — não devessem ser debitados à sua conta, mas às condições adversas da história. (...)
> Não foram as forças organizadas da sociedade brasileira que desgastaram a contrarrevolução e conduziram o governo ditatorial às atuais perplexidades. Foram suas forças espontâneas, que emergiram das alterações mais recentes do regime de classe e da luta de classes, e as forças que renasceram do esmagamento ditatorial, na esfera das atividades sindicais, religiosas, políticas e estudantis (Fernandes, 1982, p. 7-9).

Ora, as disposições legais baixadas em favor dos idosos são, por si mesmas, uma mistificação: enquanto o Estado se propõe a atuar no sentido de contribuir para a melhoria da qualidade do fim da vida, a ditadura

> em nome da liberdade, (...) cassa a liberdade dos trabalhadores; em nome da igualdade dos cidadãos, impõe a supremacia social da burguesia; em nome da representação, consagra o monopólio do poder pelas elites dirigentes das classes dominantes (Fernandes, 1982, p. 9).

A gerontologia e a geriatria, presas ao cientificismo, são cooptadas pelo Estado burguês; alheias à história, desconsideram as condições objetivas de vida na sociedade de classes brasileira; autoritariamente buscam disciplinar os velhos em nome do que consideram "a arte de saber envelhecer". O imprescindível apoio comunitário, tão proclamado nos discursos da gerontologia social, já se coloca como proposta do Estado nas portarias de 9 de novembro de 1979 e de 5 de maio de 1982. Quando tudo está perdido para o Estado autoritário, ele espera mobilizar a população para que, graças à ação comunitária, possa prevenir a marginalização e promover a integração do idoso à família e à comunidade etc.

A quem se dirigem as normas legais baixadas pelo Estado? Sem dúvida, o discurso tem endereço certo: é remetido aos velhos trabalhadores. Embora na história do capitalismo eles sempre tenham estado nas franjas da sociedade, a ética humanista insiste no prolongamento de suas vidas. Decretar morte aos velhos é reconhecer a falência da nossa sociedade. Tentando ocultar as condições que geram a velhice trágica, o Estado, com esses benefícios, mergulha em mais uma das suas contradições.

3. Palavras e planos da Secretaria da Promoção Social

Consultando alguns documentos da Secretaria da Promoção Social do Estado de São Paulo, é possível visualizar, sob outro ângulo, as relações entre saber médico e Estado.

O Documento Técnico n. 2, "Considerações Gerais sobre a Problemática da Velhice", justifica o porquê da preocupação com uma política social voltada para os idosos:

> O aumento notável dos índices de sobrevivência das populações ocidentais vem definindo, então, e cada vez mais, uma problemática que antes se resumia basicamente nos aspectos de saúde e previdência daqueles que, minoritariamente, alcançavam as faixas etárias mais altas. Na atualidade, uma vez razoavelmente encaminhadas as soluções quanto àqueles aspectos, a problemática em tela ampliou-se e assumiu

tal complexidade que tende a afetar de maneira crescente as famílias, as instituições privadas e os órgãos governamentais que têm a responsabilidade direta de atendê-las.[10]

O discurso é claro, objetivo: o aumento dos índices de sobrevivência é que vêm definindo uma "problemática social" que afeta aqueles que têm responsabilidade direta sobre os idosos: a família, as instituições privadas e o Estado.

Não se trata de uma colocação inocente, mas de um discurso que tem um *status* em nossa sociedade, uma vez que se coloca como saber aplicado. Afinal, é a fala de um técnico da Secretaria da Promoção Social.

Observe-se que Antonio Jordão Neto, autor do documento, omitindo o real papel desempenhado por Bismarck na história da Alemanha, limita-se a citar que o modelo criado por ele foi propagado para o mundo capitalista. Mas é preciso lembrar que

> a via prussiana é uma espécie de contrarrevolução burguesa; uma forma de fazer frente a uma configuração de forças sociais, políticas, econômicas, culturais e outras na qual as classes subordinadas se revelam muito ativas politicamente. O bloco histórico "prussiano" (autoritário, ditatorial, bonapartista, bismarekiano, militarista etc.) é uma forma de associação de classes e frações de classes dominantes e contraditórias, mas solidárias no controle e fortalecimento do Estado burguês (Ianni, 1984, p. 40).

Jordão assim se expressa:

> Atribui-se a Bismarck a criação, em 1883, do primeiro sistema de seguro social mediante contribuição tríplice: do Estado, da empresa e do empregado, sistema esse que passou depois a servir de modelo para

---

10. SECRETARIA DE ESTADO DA PROMOÇÃO SOCIAL. *Documento Técnico*. Antonio Neto Jordão. Considerações gerais sobre a problemática da velhice. São Paulo: Seção de Levantamentos e Pesquisas, n. 2, p. 4, 1976.

outros países. O sistema tinha por finalidade cobrir os riscos dos acidentes de trabalho e proteger os trabalhadores da invalidez por velhice. De lá para cá as preocupações previdenciárias e demais providências quanto ao amparo econômico-financeiro das pessoas que, em função da idade ou do tempo de serviço prestado, já não podiam trabalhar ou eram consideradas como já tendo esgotada sua capacidade de trabalho produtivo, ampliaram-se enormemente, impondo a necessidade urgente de uma revisão geral do assunto.[11]

O documento enaltece, em seguida, o surgimento da gerontologia e da geriatria e o papel que desempenham nas sociedades atuais pois,

> constituem, sem dúvida, um passo gigantesco na tarefa de rever em profundidade a problemática da velhice, *porque representam uma tentativa de equacionamento racional*, completamente diferente daqueles que consideravam os aspectos sociais, psicológicos e culturais de maneira limitada, além de tratarem o econômico e o sanitário de uma forma simplista e inadequada, através da concessão de aposentadorias irrisórias e/ou internamento em asilos e hospitais de baixo nível de atendimento (p. 5; grifos meus).

Esclarecendo o papel da gerontologia e da geriatria, enfatizando, portanto, os meios sem questionar os fins e demonstrando a intenção de transformar os problemas políticos em problemas técnicos, o documento declara o interesse do Estado no saber médico. Afinal, a quem e para que serve este saber? Da afirmação de que "a gerontologia e a geriatria constituem um grande passo na tarefa de rever em profundidade a problemática da velhice, uma vez que representam uma tentativa de equacionamento racional", importa-nos ressaltar a contribuição que elas prestam ao Estado brasileiro, preocupado com o ônus que o aumento do número de idosos acarreta para os "cofres públicos". A cumplicidade entre Estado-gerontologia-geriatria fica ainda mais evidente quando é afirmado que

---

11. Secretaria de Estado da Promoção Social. *Documento Técnico*. Op. cit., n. 2, p. 4.

Na realidade, os novos posicionamentos no tocante à problemática da velhice estão facilitando a compreensão de que, se a sociedade procura *investir economicamente na saúde, educação e treinamento de pessoas até sua velhice, deve, de outra parte, poder conseguir o maior rendimento até a idade mais avançada possível*, destinando os melhores recursos médico-sociais para permitir que os idosos continuem a ser úteis a si próprios e à sociedade (p. 5; grifos meus).

Observa-se claramente a incorporação do discurso gerontológico pelo Estado, uma vez que sua meta é a de salvaguardar a saúde para salvaguardar a mão de obra, cuidar do prolongamento da vida, para preservar o "corpo capitalista", gerador de riquezas:

Cresce hoje a compreensão de que não basta manter ou criar estabelecimentos especializados no atendimento de idosos em regime de internato, mas cuidar especialmente da parte correspondente à prevenção e promoção, despertando ou incentivando a satisfação de viver. Longe de manter os sexagenários numa vida de completa ociosidade e dependência, os estudiosos do assunto recomendam que se aliem os postulados humanitários aos propósitos práticos de mantê-los produtivos e independentes.

O papel da família também é exaltado:

Afirmam os gerontólogos que a maior parte dos idosos prefere viver em um ambiente familiar, tratando com pessoas há muito conhecidas e participando tanto quanto possível de todas as atividades da casa e dos grupos de amizade e não considerados como seres à parte. É nesse sentido que o internamento pode ser considerado nocivo, até certo ponto, isto é, ele pode representar uma ruptura violenta, de uma situação anterior, colocando o idoso numa situação de isolamento psíquicossocial depressivo (p. 5-6).

Finalmente, é ressaltado o valor da produção "científica", aparentemente objetiva, apolítica, livre de valores, mas que, na realidade, representa a ideologia da cumplicidade:

Em síntese, a problemática da velhice pelas suas múltiplas facetas está a exigir da comunidade e do Estado novos equacionamentos e ações mais eficientes e realistas, amparadas em conhecimentos objetivos da realidade, os quais serão obtidos a partir de investigações sistemáticas sobre características e condições sociais dos idosos (p. 6).

Como se pode constatar, as normas gerontológicas, sintetizadas no primeiro capítulo em "educação, trabalho e família", constituem a espinha dorsal deste documento. Fica evidente que a gerontologia e a geriatria são os instrumentos utilizados pelo Estado junto à sociedade a fim de repropor a figura física e psicológica do velho.

O *Documento Técnico* n. 3, "Alguns aspectos da situação do idoso no Brasil", também publicado em 1976 pela Secretaria da Promoção Social, parte da afirmação de que a problemática social dos idosos tende a ampliar-se nas áreas urbanas:

> O fato concreto, porém, é que tanto do ponto de vista econômico-financeiro e sanitário, como da perspectiva sociocultural, ou ambos simultaneamente, a problemática representada pelos senescentes tende a ampliar-se no Brasil e de modo particular nas áreas urbanas, pois 60% da população com mais de 60 anos se localizava, pelo Censo de 1970, nas cidades. E se algumas medidas de caráter previdenciário e de assistência social têm sido tomadas no sentido de beneficiar o idoso, as preocupações de natureza sociocultural com o problema têm sido bem reduzidas e mesmo assim levadas mais para o plano do sentimentalismo piegas — não pragmático.[12]

Em seguida, o documento ressalta que o desenvolvimento econômico tem propiciado, de uma maneira geral, melhores condições de vida ao homem, a ponto de aumentar o tempo médio de vida. Tentando ocultar as contradições geradas pela lógica do capital, co-

---

12. SECRETARIA DE ESTADO DA PROMOÇÃO SOCIAL. *Documento Técnico*. Antonio Neto Jordão. Alguns aspectos da situação do idoso no Brasil. São Paulo: Seção de Levantamentos e Pesquisas, n. 3, p. 3-4, 1976.

loca a questão de forma a passar o mito da possibilidade de solução dos "problemas" dos idosos.

Abordando a questão da velhice no âmbito limitado do município de São Paulo, Antonio Jordão Neto defende a ideia de que, havendo aí maior concentração e aumento do número de idosos, acaba por ocorrer uma "conscientização popular" que, aos poucos, vai pressionando as instituições privadas e, principalmente, os poderes públicos, no sentido de dispensarem cuidados especiais para a terceira idade.

A análise da conscientização popular em relação aos problemas dos idosos é feita de maneira simplista, desconsiderando a luta de classes, descomprometendo a organização capitalista. Aparece como se fosse provocada por condições físicas próprias das áreas metropolitanas:

> Esta maior "conscientização popular" resulta da existência de certas condições físicas próprias das áreas metropolitanas, isto é, dificuldades de moradia, transporte, alto custo de serviços, limitação de áreas de lazer, as quais, interagindo com fatores de natureza sociocultural e psicológica (tais como a tendência para a nuclearização da família e exigência de trabalho externo para a maioria de seus membros adultos), face às maiores solicitações econômico-financeiras, maior fricção de gerações devido à rapidez da emergência de novos valores trazidos na esteira do processo de modernização, ocorrência frequente e extensiva de "dramas de consciência" no grupo familiar frente ao internamento como "solução mais prática" (só para citar alguns), provocam situações concretas de conflito, que nos centros menores não chegam a ser percebidas ou se diluem pela ação dos mecanismos de solidariedade orgânica (p. 4-5).

Em síntese, a questão é analisada do ponto de vista estritamente social, isto é, apreendida sem relação orgânica com o modo de produção em que aparece. O autor busca explicar o social pelo social, num apelo ingênuo ao positivismo durkheimiano.

No que aqui nos importa, cabe ainda mencionar a referência feita pelo documento à carência de programas voltados para os velhos, assim como de pesquisas científicas a respeito da velhice em nossa sociedade. O SESI, o SESC e algumas paróquias religiosas são lembrados pelo fato de oferecerem programas com a preocupação de proporcionar aos idosos a oportunidade de terem uma vida dinâmica e comunitária. Relata também o fato de o poder público não manter nenhuma instituição destinada ao cuidado imediato de idosos. Cita, a seguir, o II Seminário sobre Reintegração de Grupos Marginalizados promovido pela Secretaria do Bem-Estar Social, em 1971, no qual a problemática da velhice foi o tema principal e, também, o Movimento Pró-Idoso (MOPI), que surgiu em 1972, a partir da colaboração de entidades públicas e particulares, com o objetivo de proporcionar maior integração e participação da pessoa idosa na sociedade. Afirma que,

> todavia, no tocante a estudos empíricos capazes de fornecer uma base científica de atuação por parte dos órgãos públicos e instituições privadas junto à população gerontina, pouco ou praticamente nada tem sido realizado (p. 6).

Tudo se processa como se fosse possível, por meio da ação conjunta do Estado e da "ciência", que o serve, pôr termo ao que é denominado problemática social da velhice.

Para finalizar esta parte, dedicada ao conhecimento de alguns documentos publicados pela Secretaria de Estado da Promoção Social (SEPS), considerados importantes neste estudo, passaremos ao exame do texto do projeto para atendimento ao idoso do estado de São Paulo — Programa Pró-Idoso —, elaborado em conjunto com o Fundo de Assistência Social do Palácio do Governo, durante a gestão de Paulo Salim Maluf.

A exposição da base doutrinária e da metodologia do Programa Pró-Idoso é feita através da abordagem dos seguintes aspectos: Política Social para o Idoso no Estado de São Paulo; Programa Pró-Idoso; Subprograma de Assistência Social ao Idoso Institucionalizado; Subprograma de Atendimento ao Idoso em Meio Aberto e, finalmente, Controle e Avaliação.

Na primeira parte, referente à "Política Social para o Idoso no Estado de São Paulo", após justificativas iniciais, o documento tece considerações sobre a situação do "geronto" em nosso estado, utilizando dados referentes à distribuição dos idosos nas áreas urbana e rural nos anos de 1978, 1979 e 1980 e citando as condições físicas limitadoras,

> próprias das áreas de maior urbanização, isto é, dificuldades de moradia, transporte, alto custo de serviços, diminuição de áreas de lazer, (...) que interagindo com fatores de natureza sociocultural e psicológica, provocam situações concretas de conflito dentro da família e fora dela, envolvendo os estratos gerontinos.[13]

Em seguida, tendo em vista o objetivo de contribuir para a melhoria da qualidade de vida da população idosa, arrola as "Diretrizes Gerais para a Política de Atendimento ao Idoso": conscientização e mobilização da comunidade para revisão dos critérios de atendimento ao idoso nos níveis da iniciativa privada e governamental; atendimento ao idoso institucionalizado; treinamento de recursos humanos; dados e informações sobre a situação do idoso; celebração de contratos e convênios.

Ocupa lugar de destaque a preocupação com a conscientização e mobilização da comunidade objetivando

> despertar toda a população (governo, entidades dos setores privados, pessoas e grupos da população) para assumir, progressivamente, as responsabilidades de participação na melhoria da qualidade do atendimento ao idoso.

A implantação dessa diretriz é fundamental, segundo o documento, para manter o idoso na família, integrá-lo nas instituições que o

---

13. Secretaria de Estado da Promoção Social; Fundo de Assistência Social do Palácio do Governo. Programa Pró-Idoso. I: Política Social para o Idoso no Estado de São Paulo. São Paulo, 1981. s.i.p.

atendem, utilizar adequada e regularmente os meios de comunicação social para a promoção de uma imagem positiva do idoso junto à família e à comunidade e, finalmente, criar recursos para o surgimento de novos serviços aos idosos, de acordo com as peculiaridades locais.

É relevante observar que o "Programa" é bastante cuidadoso com referência ao atendimento ao idoso institucionalizado: o regime de internato é apontado como último recurso, a ser utilizado na absoluta falta de outras opções.

Com respeito ao treinamento de recursos humanos, enfatiza a necessidade de se levar em consideração, dentre outros aspectos, noções básicas de geriatria e de gerontologia.

O que agora nos importa ressaltar é que a ideologia da velhice é uma dimensão da necessidade de se criar o velho tutelado. Para conseguir tal finalidade, o Estado propõe a transformação do velho em objeto de reeducação constante, o que é possível através do trabalho social, amparado pelo saber médico. Assim, esse saber está articulado a práticas normativas: o Estado objetiva a criação de todo um aparato posto em funcionamento por profissionais especializados, como assistentes sociais, médicos, educadores, sociólogos, psicólogos e outros. Tais profissionais, colocados a serviço dos velhos, compõem o quadro de serviçais ideal e supostamente apto para garantir um bom padrão de atendimento ao idoso. A eles é reservada uma tarefa assistencial visando um alvo privilegiado: a patologia da velhice.

Mas voltemos ao "Programa Pró-Idoso", com a finalidade de destacar seu objetivo geral: "Mobilização das forças vivas da comunidade, no sentido de sensibilizá-las e conscientizá-las para que empreendam ações concretas no campo da prevenção, promoção e assistência ao idoso". O documento explica que foram propostos dois subprogramas para atender aos aspectos estruturais e/ou conjunturais relativos à problemática do idoso: "O Subprograma de Assistência Social ao Idoso Institucionalizado" e o "Subprograma de Atendimento ao Idoso em Meio Aberto".

Ambos foram por nós entendidos como projetos do Estado criados com a finalidade de tutelar os idosos, sendo que a gerontologia e a geriatria constituem a forma ideológica politicamente possível de embasar tais programas. O primeiro subprograma destina-se aos idosos abrigados em entidades de assistência social, enquanto o segundo visa atender aos idosos que apresentem as seguintes características:

> idade superior a 60 anos; com possibilidade de locomoção, com lucidez compatível com a participação grupal; não portador de doenças infectocontagiosas; residente na comunidade local.

Vejamos cada um desses projetos separadamente.

O objetivo geral do "Subprograma de Assistência Social ao Idoso Institucionalizado" é

> promover a reformulação dos métodos e da organização técnico-administrativa de entidades de assistência social ao idoso, visando uma prestação de serviço que o valorize como pessoa e como elemento socialmente participante.

O projeto arrola, também, os objetivos específicos com as metas e atividades correspondentes. Transcreveremos apenas os objetivos específicos, uma vez que o nosso interesse se dirige, particularmente, à proposta do Estado com vistas a atingir o idoso não asilado:

> — Mobilizar a comunidade, conscientizando-a sobre a problemática do idoso e levando-a a participar do processo de reformulação das formas de atendimento.
> — Treinar recursos humanos da comunidade e das entidades de assistência social ao idoso, visando à melhoria da prestação dos serviços existentes e à criação de novas alternativas.
> — Estudar e promover a adequação das entidades de assistência social ao idoso às diretrizes básicas preconizadas pela política estadual.

Por sua vez, o "Subprograma de Atendimento ao Idoso em Meio Aberto" apresenta o seguinte objetivo geral: "Valorizar o idoso como pessoa e como elemento socialmente útil, fortalecendo suas relações com a família e com a comunidade". O projeto descreve, também, quais são os objetivos específicos e explicita as metas e as atividades a serem desencadeadas a fim de que os objetivos sejam realmente alcançados.

Para atingir o primeiro dos objetivos específicos — "Proporcionar ao idoso a participação em atividades educativas, ocupacionais, sociais e recreativas, aproveitando sua capacidade e prevenindo seu isolamento" —, é meta do Estado

> implantar, nos municípios do Departamento Regional da Grande São Paulo e das divisões regionais, tantos grupos de convivência, quantos sejam necessários para o desenvolvimento de atividades de atendimento ao idoso.

O "Programa" explica que os grupos de convivência são grupos sociais constituídos por pessoas que se encontram com frequência num mesmo ambiente social e que interagem de forma compartilhada. Prevê, então, três ordens de atividades a serem desenvolvidas: *educacionais, ocupacionais* e *sociorrecreacionais*. As atividades educacionais são referentes à saúde, à aquisição de conhecimentos e à segurança social. Assim, são previstas orientações sobre: padrões alimentares adequados ao idoso; utilização do equipamento de medicina preventiva e/ou curativa da comunidade; introdução de exercícios físicos compatíveis com as condições do idoso; prática adequada de higiene pessoal; condições básicas de higiene da habitação; leituras diversas; cursos e palestras a respeito de assuntos da atualidade; discussão de assuntos de interesse dos grupos; informação sobre necessidade de documentação pessoal e como obtê-la e informação sobre como usufruir os benefícios da Previdência Social. Para a segunda ordem de atividades — as ocupacionais —, o projeto sugere jardinagem, horticultura, trabalhos manuais de agulha, cerâmica, modelagem, tecelagem, pintura, trabalhos em palha, cartonagem e isopor, trabalhos remunerados para empresas industriais e comerciais; e prevê, também, a comercialização dos produtos resultantes em benefício do próprio idoso. Finalmente, são arroladas as atividades sociorrecreacionais: festas comemorativas de aniversário dos membros dos grupos, comemoração de datas cívicas e religiosas, reuniões de confraternização com outros grupos de idosos e de diferentes faixas etárias, participação em atividades promovidas pela comunidade, tais como bailes, quermesses e outras, jogos de salão, jogos de campo, jogos esportivos, excursões, audições musicais, cinema, teatro, coral e outros. Segundo o "Subprograma", para garantir o funcionamento dos grupos de convivência de idosos,

> Os idosos serão agrupados de acordo com suas necessidades e interesses para cada atividade específica, conforme escolha pessoal; os grupos serão autocoordenados e terão assistência técnica da SEPS e colaboração de voluntários; os grupos reunir-se-ão tantas vezes quantas os seus componentes o desejarem; os grupos poderão ser compostos por elementos de um ou de ambos os sexos; cada grupo deverá ser constituído em torno de aproximadamente 25 elementos.

O segundo e último objetivo específico — "Conscientizar e mobilizar a família e a comunidade para que assumam o seu papel no processo de valorização do idoso" — vem acompanhado de duas metas:

> Articular os elementos representantes das famílias dos idosos atendidos nos grupos de convivência existentes nas localidades, para incentivar sua participação nas atividades desses grupos; articular os recursos sociais de saúde, previdência, trabalho, assistência social, cultura, esporte e outros, existentes nos municípios, para participarem da programação dos grupos de convivência e de outras formas de atendimento ao idoso em meio aberto.

À primeira meta correspondem as seguintes atividades: conscientização sobre os cuidados a serem dispensados ao idoso em face das deficiências e limitações próprias da idade; orientação sobre os padrões alimentares adequados ao idoso; conscientização quanto à importância das atividades educativas, ocupacionais, sociais e recreacionais para o bem-estar do idoso; orientação sobre a importância do idoso sentir-se útil e participante da vida social; informação e orientação sobre os recursos sociais disponíveis para o atendimento ao idoso. Quanto à segunda meta, as atividades propostas são as seguintes: cadastrar os recursos sociais de saúde, previdência, trabalho, assistência social, cultura, esporte e outros; manter contatos permanentes (reuniões e entrevistas) com representantes desses recursos sociais; mentalizar os representantes desses recursos sociais sobre as necessidades dos idosos; incentivar os representantes desses recursos sociais a colocarem à disposição, na medida do possível, os seus serviços para atendimento aos idosos participantes do programa; encaminhar os idosos dos grupos de convivência para esses recursos, sempre que necessário.

Finalmente, é descrita a metodologia a ser empregada para viabilizar o "Subprograma de Atendimento ao Idoso em Meio Aberto". Atente-se para o alto grau de sofisticação previsto para a implementação do "Programa", mais uma demonstração das "boas intenções" do governo de Paulo Salim Maluf. Fundamentado no documento do MPAS, *Política Social para o Idoso: Diretrizes Básicas*, que foi publicado em 1977, o projeto está perfeitamente integrado à proposta da União, voltada para a manutenção da "ordem e progresso". A Secretaria de Estado da Promoção Social, tendo à sua frente Antonio Salim Curiati, procedeu à sua publicação e divulgação. A máquina do "aparelho mental" foi posta a serviço da propaganda daquele que disputa a liderança política em nome da acumulação capitalista.

Voltemos ao projeto. Sua metodologia refere-se aos procedimentos que devem ser efetuados no sentido de *abordagem da clientela, abordagem da família dos idosos e abordagem da comunidade*.

Com relação à *abordagem da clientela* são previstos:

— o levantamento, nas entidades que atendem a idosos, da relação das pessoas que aguardam vagas para internação;

— o levantamento, junto às fontes pagadoras, da relação dos beneficiários da renda mensal vitalícia;

— o levantamento dos idosos nas entidades dispensariais;

— o levantamento dos idosos pertencentes às famílias atendidas por outros programas da SEPS;

— a abordagem direta dos idosos, localizados por meio dos levantamentos efetuados, com vistas à participação dos mesmos, de acordo com características já definidas para a clientela do subprograma;

— os idosos institucionalizados;

— outros idosos da comunidade local.

A *abordagem da família dos idosos* é feita através:

— do levantamento dos representantes das famílias dos idosos;

— da observação e da avaliação do relacionamento idoso-família, por meio de contatos e reuniões;

— da mobilização desses familiares para participarem do programa.

Para a *abordagem da comunidade*, o projeto prevê:

— a utilização dos meios de comunicação para divulgar os objetivos do subprograma;

— os contatos com lideranças e grupos sociais representativos das forças vivas da comunidade a fim de obter apoio para o subprograma;

— a utilização ampla dos recursos comunitários no desenvolvimento das atividades do subprograma.

O ambicioso Programa Pró-Idoso não foi além da proposta, o que não significa que seja, por isso, menor o nosso interesse pelo seu conteúdo doutrinário.

Objetivando, em nível de discurso, melhorar a qualidade de atendimento do idoso não institucionalizado — valorizando-o como pessoa e como elemento socialmente participante — e fortalecer as suas relações com a família e a comunidade, o "Programa" é expressão da ideologia utilizada pelo Estado para manter seu poder. A ideologia da velhice, enquanto falsa consciência, formulada pelos gerontólogos e geriatras — intelectuais orgânicos a serviço da burguesia e, portanto, do Estado —, é difundida por meio de projetos criados pelo Estado que conta com o apoio de funcionários, serviçais devotos da "ciência" que, para eles, está acima de qualquer suspeita. Cabe lembrar que

> o Estado se funda na contradição entre o *público* e a *vida privada*, entre o *interesse geral* e o *particular*;[14] anula, a seu modo, as diferenças de *nascimento*, de *estado social*, de *cultura* e de *ocupação*, ao declarar o nascimento, o estado social, a cultura e a ocupação do homem como diferenças *não políticas*; ao proclamar todo membro do povo, sem atender a estas diferenças, participante da soberania popular em *base de igualdade*; ao abordar todos os elementos da vida real do povo do ponto de vista do Estado. Contudo, o Estado deixa que a propriedade privada, a cultura e a ocupação *atuem a seu modo*, isto é, como propriedade privada, como cultura e como ocupação, e façam valer a sua natureza especial (Marx, 1959, p. 16-44, in Ianni, 1979, p. 32).

Portanto, do fato de as propostas do Estado aparecerem articuladas com as teorias lançadas pelos cientistas da velhice, como demonstra o conteúdo das portarias de 9 de novembro de 1979 e de 5 de maio de 1982 e dos documentos analisados, fica evidente a cumplicidade entre ambos. A "problemática" da velhice é analisada fragmentariamente pelos teóricos, tratada como se não fosse produto de uma totalidade própria, nem possuísse uma história, fruto das contradições da sociedade capitalista.

A importância dos "intelectuais orgânicos" advém-lhes, assim, de exercerem uma *função mediadora* na relação entre a estrutura econômica e as superestruturas, na relação entre a classe dominante e o sistema de

---

14. Marx (7/8/1844), in Ianni (1979, p. 31).

organização da sociedade. Porém, a organicidade dos intelectuais não deve ser entendida como uma simples relação *imediata* destes à estrutura econômica, como acontece com as classes que representam, mas mediata, devido não só ao lugar que ocupam na divisão social do trabalho, mas também ao lugar que ocupam na escala das funções e na articulação do complexo das superestruturas (Santos, 1980, p. 52).

Observa-se, porém, que as relações entre a gerontologia social e o Estado não implicam um convívio marcado necessariamente por harmonia perene. Ambos, muitas vezes, estão em conflito. Todavia, no próprio conflito estas relações se reconstroem, na medida em que os fundamentos materiais dessa aliança não são colocados em questão. É o que demonstra a entrevista com o dr. Tuffik Mattar, publicada pela *Folha da Tarde*. Conta ele:

> Em 1956, em colaboração com o professor Mário Pinotti, criamos uma fundação no Rio de Janeiro, que seria uma proposta de desenvolvimento da geriatria no país. Conseguimos a doação de um terreno em Brasília, outro no Rio de Janeiro, que Carlos Lacerda anulou. Essa sociedade não frutificou, criados que foram tantos obstáculos administrativos. Em São Paulo criei a Sociedade Paulista de Geriatria e por meio dela venho lutando, ao longo do tempo, pela imprensa, com palestras em clubes, faculdades, sociedades, percorrendo todos os Estados.
>
> Aprendemos muito em congressos no exterior, *pois fomos convidados pela ONU a participar de duas reuniões preparatórias da problemática do idoso, contribuindo para um trabalho a ser apresentado na própria ONU e válido como orientação, para todos os países*. Os congressos me deram uma visão segura de que a geriatria só pode existir se for instituída por lei. Com lei para regulamentar todos os seus segmentos, pois não é um problema estritamente médico.
>
> Não é possível imaginar que um problema dessa ordem possa ser resolvido com medidas paternalistas, doação de cobertores, construção de asilos etc. O mundo inteiro está eliminando os asilos. Eu apresentei inúmeras propostas ao Governo e nunca obtive resposta de quem quer que seja. Sou sócio da Federação Internacional de Velhos, com sede em

Washington, e recebi ofício de lá em que se afirma que o Brasil é o país que menos estatísticas apresenta sobre o problema do velho e pedindo-me providências.

Enviei, então, ofício em 1980 ao presidente da República, aos ministros, ao Senado e à Câmara, para que no futuro não dissessem que não estávamos colaborando. Mostrei que não era possível fazer qualquer coisa sem a legislação. Sugeria a criação de cadeiras de Geriatria nas faculdades de medicina e enfermagem e especialização sobre velhos nas faculdades de assistência social, assim como sugeri a criação no Ministério de Educação e Cultura de órgãos para orientar as professoras, a fim de que tivessem condições de educar as crianças sobre a problemática do idoso. Sugeri a convocação, para esse trabalho de conscientização, dos órgãos sociais, como igrejas, clubes, sindicatos. E outros ministérios, assim como o IBGE para estatísticas.

Esse ofício foi publicado pela imprensa com grande estardalhaço. Obtive resposta dos ministros do Planejamento, Delfim Neto, do Trabalho, Murilo Macedo, da Agricultura, e ninguém mais.

Como patriota, quero apenas prestar serviços na minha área de atuação. Não tenho nenhum outro interesse, muito menos político.

O que o governo fez? Acabou criando uma comissão igual a que tínhamos proposto há um ano, mas não fomos convocados e nem o seremos. E por quê? Simplesmente porque criticamos uma série de procedimentos médicos e os laboratórios não gostaram; não seremos convocados porque temos experiência do assunto e podemos perturbar as conveniências de pessoas ou de grupos.

Estou revoltado com essa situação e convido a todos os velhos deste país a se revoltarem contra qualquer solução que não seja técnica ou científica. A falta de uma pessoa como eu nessa comissão, nesse trabalho, é mau sinal. Não que eu seja o melhor, mas sou mais experiente e estou movido por um ideal e eles não, *nunca falaram sobre velhos, nem estudaram o problema.*

Infelizmente é assim no Brasil: subestimam os valores. É um fato para todos verem: as maiores expressões da técnica e da ciência foram expulsas daqui, têm nome lá fora e aqui não podem trabalhar. Esta é a minha opinião: tenho a pretensão de dizer que ninguém lutou pelo velho nem 10% do que eu, durante estes últimos 30 anos. (...)

Agora, depois de tanta luta em palestras e pela imprensa, está nascendo uma certa preocupação muito fraca, muito vagarosa em sua concretização. O mundo tem quase um bilhão de pessoas idosas, o Brasil, em 1990, terá um problema muito sério, pois deverão existir mais de 15 milhões de indivíduos com mais de 65 anos. Isso vai gerar problemas de hospitais, trabalho, pessoal especializado. Quanto mais o indivíduo vive, mais lugar ocupa e a juventude não tem lugar para si. Leva vantagem quem chega primeiro. Estes problemas sociais precisam ser antecipadamente estudados e resolvidos *e só a geriatria pode resolvê-los*. O governo brasileiro dorme sobre o assunto (Mattar, Folha da Tarde, 2 jun. 1982, p. 20; grifos meus).

É reclamado pelo especialista o fato de a geriatria não ter passado para a esfera pública. As cobranças, os conflitos, não refletem a inexistência das núpcias entre a medicina e o Estado. Pelo contrário. A reclamação de uma das partes é justamente no sentido de que a aliança tome andamento diferente; o Estado precisa assumir e dispor dos técnicos em velhice na sua intervenção, necessariamente através de ações públicas e estatutárias: o geriatra cobra do Estado a implementação de uma política comum, por meio da qual seja possível a tutela dos idosos.

Cumpre ainda ressaltar que o Estado brasileiro, conforme pudemos observar em alguns discursos, é pressionado a assumir uma postura em relação à velhice na medida em que os programas voltados para a "terceira idade" já constituem uma realidade nas organizações capitalistas fazendo parte, inclusive, do rol de preocupações da ONU. A própria existência do Centro Internacional de Gerontologia Social (CIGS) já demonstra os cuidados que estão sendo tomados no sentido de se adotarem medidas para a irradiação das ações normatizadoras do comportamento dos idosos.

Aliás, nossa pesquisa demonstra que não apenas no Brasil, como até mesmo na França — país que tem exercido grande influência nas ações desencadeadas pelo SESC no que se refere à velhice, como poderemos verificar no capítulo seguinte —, somente a partir de 1970 é que foi desencadeada uma efetiva política social voltada para a melhoria da qualidade do fim da vida. A gerontóloga francesa, Claudine Attias-Donfut, explica que

> antes de 1970-71 não existia uma política de conjunto visando ao atendimento da velhice; pelo menos não existia, na França, uma política coordenada e bem estabelecida; existiam ideias, sem dúvida; pesquisas, discussões, aqui e acolá, sobre medidas que poderiam ser tomadas; mas não existia a integração dessas medidas para formar um todo (Donfut, 1979, p. 31).

A leitura dos documentos nos mostra a aparente preocupação do Estado e da "ciência" que o serve em garantir conservação dos velhos, estender os preceitos higiênicos e propagar a luta contra a discriminação a que estão submetidos. Nada disso. Não se trata de arrancar os velhos dos relacionamentos difíceis, de conduzi-los às trilhas do paraíso terrestre, mas sim de entravar liberdades assumidas — colocação dos velhos em asilos —, de impedir as linhas de fuga — ausência de trabalho na velhice, depressão —, diminuindo, assim, o ônus que os velhos representam para os cofres públicos.

> Não se trata mais de assegurar proteções discretas, mas sim, de estabelecer vigilâncias diretas (Danzelot, 1980, p. 91-2).

A proposta de intervenção junto aos velhos da sociedade de classes brasileira passa por canais diferentes. A tutela dos velhos pobres é exercida não através da difusão de livros e do estabelecimento de uma aliança orgânica entre velhos e medicina; o analfabetismo é uma realidade e grande parte dos alfabetizados não tem acesso à cultura letrada, a contatos com geriatras e gerontólogos: os problemas dos velhos pertencentes à classe trabalhadora são totalmente diferentes. A eles a intervenção proposta, como se pode constatar nos documentos do Estado, é via trabalho remunerado, via família, via comunidade. O Subprograma de Assistência Social ao Idoso Institucionalizado objetiva promover a reformulação dos métodos e da organização técnico-administrativa de entidades de assistência social ao idoso, visando a uma prestação de serviços que o valorize como pessoa e como elemento socialmente participante,[15]

uma vez que a existência de asilos é uma realidade, e alguns destes estabelecimentos que atendem a velhos de condições econômicas sofríveis têm sido alvo de escândalos via meios de comunicação de massa. Odília Falchin, autora do livro *O idoso e a família*, declara em entrevista concedida à imprensa que durante a sua pesquisa descobriu

> que há apenas convênio do Estado com instituições particulares que não oferecem condições de conforto, higiene e tranquilidade para o idoso (Falchin, *Shopping News/City News*, 23 maio 1982).

Entretanto, se de um lado, com este projeto, o Estado busca reformular as formas de atendimento, treinar recursos humanos visando à melhoria da prestação dos serviços existentes e à criação de novas alternativas e, finalmente, adequar as entidades de assistência social ao idoso às diretrizes básicas preconizadas pela política estadual, por outro, com o "Subprograma de Atendimento ao Idoso em Meio Aberto", visa à valorização do "idoso como pessoa e como elemento socialmente útil, fortalecendo suas relações com a família e a comunidade". O Estado busca, como vimos, mobilizar a família para que assuma o seu papel no processo de valorização dos idosos. Tendo como meta diminuir o custo social da manutenção dos idosos, estrategicamente dela se serve para que assuma os encargos que a ele caberia: transfere-lhe as obrigações. Embora o discurso do Estado tente neutralizar as contradições, a realidade social as evidencia em toda a sua plenitude.

A gerontologia e a geriatria, através das normas por elas prescritas e sintetizadas neste estudo em educação, trabalho e família —

---

15. SECRETARIA DE ESTADO DA PROMOÇÃO SOCIAL; FUNDO DE ASSISTÊNCIA SOCIAL DO PALÁCIO DO GOVERNO. Programa Pró-Idoso: III. Op. cit., s.i.p.

objeto de análise do primeiro capítulo —, colocam-se a serviço do Estado brasileiro no seu projeto de ação de tutelar a velhice.

Assim, "ciência" e Estado, numa proposta, se não efetivamente única, perfeitamente articulada, defendem aparentemente os interesses dos idosos, ocultando o mundo real, o mundo da práxis humana.

Entretanto, a atividade da CIÊNCIA (e da Filosofia) é descobrir — na medida em que a essência não se manifesta diretamente — o fundamento oculto da estrutura da realidade, compreendendo então a "coisa em si"; seu trabalho se volta para a liberalização do sujeito e do objeto, num devir caracterizado pela humanização do homem, onde o homem se colocará como sujeito real do mundo social, num processo de realização da verdade (Kosik, 1976). Não haverá então espaço para os projetos embasados na qualidade do fim da vida porque é a vida enquanto totalidade que passará a contar.

Enquanto isso, prevalece o projeto burguês. A questão foi sabiamente colocada por "vó" Maria:

> Quem vai se interessar por nós? Não tem jeito, tinha de ser a gente mesmo, mas velho como eu, não tem mais força.[16]

---

16. De uma entrevista em Itaim Paulista, maio de 1980.

CAPÍTULO 3

O imaginário e a lógica da questão da velhice na proposta SESC

O Serviço Social do Comércio (SESC), entidade criada e mantida pelo empresariado comercial brasileiro, há mais de duas décadas vem, no estado de São Paulo, preocupando-se em desenvolver atividades voltadas aos idosos. A instituição tem produzido ampla literatura por intermédio da qual aborda a "questão social dos idosos", justificadora de suas ações, divulgando, assim, seu discurso ideológico: o amplo receituário criado para que o homem passe a relacionar-se com a velhice por meio da sua mediação. A propagação da produção teórica do saber sobre a velhice elaborada por seus técnicos e também por gerontólogos e geriatras é garantida através de "publicações próprias": *Cadernos da Terceira Idade*, *Biblioteca Científica SESC: Série Terceira Idade*, *Jornal Terceira Idade* (JTI), artigos avulsos e relatórios referentes a "encontros" promovidos. Em função do crescimento dos projetos voltados ao trabalho social com idosos, o SESC criou o Centro de Estudos da Terceira Idade (CETI), que,

> Além de suas funções específicas — estudos, pesquisas, documentação e capacitação pessoal, face à insuficiência de material e leitura especializada sobre Gerontologia Social —, procura produzir e reunir, de

maneira sistemática, material existente sobre trabalho com idosos, a fim de melhor orientar seus técnicos e atender às crescentes solicitações de instituições públicas e privadas de atendimento ao idoso, bem como pessoas interessadas nesta área de atuação (SESC).

A preocupação do SESC com a "questão social dos idosos" é, segundo sua própria declaração, decorrente da sua finalidade precípua: "planejar e executar medidas que contribuam para o bem-estar social e a melhoria da qualidade de vida do comerciário e de sua família". Assim, a administração do SESC no estado de São Paulo vem envolvendo as pessoas idosas por meio de atividades que, atualmente, estão organizadas em três projetos básicos: "Grupos de Convivência de Idosos"; "Escolas Abertas da Terceira Idade"; e "Trabalho com Pré-Aposentados".

O objetivo que o SESC afirma querer atingir com a criação de programas específicos para os idosos é o de contribuir para o bem-estar e a melhoria da qualidade de vida do homem, fundamentando-se na ideia de que o fenômeno da "marginalização" constitui preocupação das instituições voltadas para o bem-estar social. Para tanto, suas ações, no sentido de prevenir a marginalização social dos idosos — que, segundo ele, se origina com a perda gradual de papéis e funções sociais, diminuição do grupo de convivência, ausência de aspirações culturais e de responsabilidades definidas — devem ser garantidas pelo trabalho educativo.

Entendemos que o objetivo do SESC assenta-se em, pelo menos, três ordens de paradoxos. O primeiro paradoxo é oferecido pela incompatibilidade entre o "problema social dos idosos" e as soluções buscadas via instituições: as instituições sociais, na medida em que expressam os interesses da minoria dominante — no caso, o SESC, criado e mantido pelo empresariado comercial brasileiro —, não podem resolver a tragédia da velhice em nossa sociedade, extensão da tragédia da vida no interior do modo de produção capitalista. O segundo paradoxo encontra-se entre o "problema social dos idosos" e a solução apontada: "a educação". Prevenir a "marginalização social" por meio do trabalho educativo que busque garantir aos idosos a conquista de um lugar na teia de relações sociais é desconsiderar, por querer ocultar, as relações sociais enquanto relações historicamente determinadas; não considerar o modo de produção correspondente é mergulhar nas águas da pseudoconcreticidade, onde as relações de classe e a exploração a que é submetido o trabalhador são escamoteadas. O terceiro paradoxo se estabelece na identidade "problema social dos idosos" e "marginalização social". Voltamos aqui à discussão iniciada no primeiro capítulo. Na realidade, pensar genericamente no pós-aposentadoria para a classe trabalhadora e não trabalhadora como um momento de possibilidade de preenchimento do tempo livre, "com ocupações produtivas para o enriquecimento da sua personalidade e a descoberta de novos papéis que confiram importância e significado à sua vida", é não levar em conta a desigualdade social e, por decorrência, as condições objetivas de existência do aposentado da classe trabalhadora, que não é marginalizado, mas explorado e oprimido. Como vimos, segundo Jungla Maria Pimentel Daniel, ele inicia

> Outro ciclo de vida, reingressando no mercado de força de trabalho, seja como contingente do exército ativo de trabalhadores, seja do exército de reserva, ou ainda, lumpenizando-se (Daniel, 1979, p. 176).

Na realidade, trata-se, enquanto manifestação ideológica da classe dominante, de um imaginário onde o mundo da concreticidade é ocultado com a finalidade precípua de encobrir o conflito e a dominação, dissimulando a existência do particular, revestindo-o de um caráter universal. Assim, para o SESC trata-se de "problema social dos idosos" em geral.

Como se iniciou a preocupação do SESC em estender seus projetos aos idosos? Darnício de Assis, em seu artigo "Trabalho social com idosos no SESC de São Paulo. Realizações e perspectivas", explica que

> a atenção voltou-se para a população idosa a partir de sugestões de uma equipe de técnicos do SESC que, no ano anterior, realizou viagem

de estudos aos Estados Unidos da América, onde observou o trabalho que se fazia em centros sociais para idosos, no sentido de evitar a solidão e o desamparo de que são vítimas as pessoas desse grupo etário. As evidências de que no Brasil e, sobretudo, nos nossos grandes centros urbanos como a cidade de São Paulo, os problemas de desamparo, solidão e marginalização social das pessoas idosas começavam a atingir proporções notáveis levaram o SESC a estender o atendimento aos aposentados do comércio. Constituiu-se assim o primeiro grupo de idosos em uma das unidades do SESC na capital, oferecendo aos participantes oportunidades de novas relações sociais e de manutenção da ocupação do tempo livre em atividades de lazer, além de poderem usufruir serviços essenciais, como alimentação, por exemplo, a custo compatível com suas condições econômicas (Assis, 1979, p. 37).

Abramos um parêntese para apreendermos a justificativa em que se assenta a proposta SESC referente à velhice. Seus projetos aparecem como decorrência necessária para o combate à solidão, desamparo e marginalização social de crescentes contingentes de idosos que se concentram principalmente nos grandes centros urbanos. Sua ação, enquanto expressão ideológica da classe dominante, toma como o próprio ser o modo imediato em que a "problemática social do velho" aparece socialmente. As imagens — desamparo, solidão e marginalização social — que possuem a respeito da velhice são consideradas como a realidade concreta. Assim, a lógica do ocultamento embasa os projetos para idosos procurando atacar a aparência; o determinado — desamparo, solidão e marginalização social — é tomado como determinante: a gênese da questão é encoberta.

1. Educação permanente: a varinha de condão para a conquista de uma velhice feliz

Na medida em que a educação é o fulcro das ações do SESC em relação à velhice, a entidade preocupa-se em divulgar o discurso que a justifica.

São muitos os artigos sobre educação permanente, escritos por técnicos do SESC, divulgados em suas revistas. Selecionamos algumas falas.

A psicóloga Raquel Vieira da Cunha escreve que é

> um dos objetivos da educação permanente o desenvolvimento pessoal do indivíduo. Ela lhe abrirá novos horizontes, dando-lhe condições para experimentar maior liberdade — interior e exterior — e para sentir e expressar sua personalidade de forma mais autônoma e mais autêntica. A pessoa em condições de se relacionar consigo mesma, que se aceita como amiga, apesar de suas falhas e imperfeições, é também uma pessoa capaz de aceitar e respeitar os demais e de se relacionar significativamente com os outros e com o mundo.
> Como a educação permanente, ou melhor, a aprendizagem permanente pode contribuir para promover este objetivo?
> Segundo Carl Rogers, a aprendizagem socialmente mais funcional, no mundo de hoje, é aquela em que se aprende o processo da aprendizagem. Isto quer dizer ser aberto continuamente às experiências e estar disposto a trabalhar sobre os processos de mudança, através do diálogo franco e do questionamento constante. (...)
> A aprendizagem pode ser estimulada externamente; mas é um processo que se origina na pessoa: aprender é descobrir, é apropriar-se de algo, é assimilar novos valores, ideias e convicções pessoais (Cunha, 1980, p. 7-8).

Fundamentando-se, portanto, na teoria defensora da educação permanente, a autora entende a aprendizagem como um processo que depende da pessoa, remetendo então o indivíduo à responsabilidade de construir para si uma velhice positiva. A felicidade no fim da vida dependerá da coragem que ele tiver para enfrentar o fantasma da velhice, desmascarando-o com a arma do conhecimento burguês.

Explica, ainda, que não é fácil aprender a envelhecer porque a pessoa sente medo das mudanças que estão ocorrendo. Para facilitar o processo de aprendizagem, recomenda que seja estimulado o potencial natural que todo ser humano tem para aprender.

Enaltece então o SESC com *"seu conhecido e valioso trabalho com os idosos"*. Seus técnicos não estão preocupados em disciplinar e transmitir conhecimentos. "Procuram criar ambientes propícios, estímulos dos mais diversos, formas de participação e de ação; promovem o diálogo, as relações humanas significativas que atiçam a energia vital da aprendizagem nos idosos" (Cunha, 1978, p. 8).

A questão da educação permanente é também enfocada em outro artigo, "Educação para a participação", de Jesus Vazquez Pereira. Segundo ele, à medida que avança na idade, o indivíduo tende a participar menos das diferentes atividades sociais, o que é agravado com a aposentadoria.

O autor informa que na

> área da formação e treinamento profissional, *já existe um acúmulo de resultados de pesquisas que mostram que a educação permanente retarda o fenômeno da obsolescência no que toca à profissão. Ainda mais: tratando-se de valores, atitudes e conhecimentos dos outros campos da atividade humana, a educação configura-se também como um meio para retardar a obsolescência.* É um instrumento para prolongar, até a terceira idade, a intensa socialização que se dá na infância e adolescência. A pessoa idosa continua a ser considerada como objeto, sujeito e agente da socialização — própria e do outro. Se, na infância e adolescência, a atualização dos valores, normas etc. se veicula especialmente através da escola, na terceira idade a educação é concebida mais como participação em atividades culturais, sociais, políticas e de lazer. Por outro lado, o idoso será considerado mais como agente que como objeto e, mesmo, sujeito da ação educativa (Pereira, 1980, p. 10; grifos meus).

O caráter político da proposta está implícito: através da educação permanente o homem estará se resguardando de todos os possíveis percalços surgidos no exercício da sua profissão e no convívio com todas as instâncias da vida social. É como se através do toque mágico da "varinha de condão" ou da aspiração do "pó de pirlimpimpim" fosse possível ao idoso mergulhar num outro mundo, num mundo diferente; afinal, o que conta é o refazer-se constantemente, o preparar-se para as mudanças ocorridas na ordem social, para a felicidade de morrer com os outros, pois

> o envelhecimento dos valores, das atitudes e dos comportamentos, consequência da não renovação adequada dos mesmos, provoca o retraimento da participação, a não solicitação a desempenhar papéis nas diversas atividades da comunidade. E, para a atualização permanente desses valores, atitudes e informações não existe outro meio que o da educação, concebida como um processo de socialização permanente através dos meios de comunicação, da participação nas atividades culturais, de lazer, na coeducação com outras idades e, até mesmo, na escola (Pereira, 1980, p. 10).

A educação torna-se, segundo o discurso, necessidade fundamental para que o velho possa viver bem numa sociedade que o ameaça, não por dominá-lo econômica e politicamente, mas por obrigá-lo — sob pena de condená-lo à solidão — a uma permanente atualização em face às abruptas mudanças.

Concluindo, afirma o autor,

> não existe um método específico para desenvolver esse tipo de trabalho pedagógico com os idosos. A utilização do tempo livre constitui, contudo, o espaço mais indicado para desenvolver tal trabalho. (...) Assim, será uma pedagogia que privilegia as atitudes de lazer ou cria condições para que, a partir das atividades de lazer, seja desenvolvida essa ruptura. As atitudes, valores e conhecimentos veiculados por um dos meios da indústria cultural, como a televisão, podem ser suporte de um programa ou ponto de partida para essa pedagogia da ruptura (Pereira, 1980, p. 12).

Um terceiro artigo sobre educação permanente merece ser citado. Trata-se do trabalho de Marília Leite Washington, intitulado "Educação permanente na terceira idade", no qual, após analisar a questão da longevidade nos dias atuais, levantando algumas indagações sobre as condições qualitativas da vida humana, aborda a problemática de determinados padrões de comportamento observados nessa fase mais avançada da vida humana e a marginalização a que é submetido o idoso pela, repetindo suas palavras,

> sociedade contemporânea, modernizada, consumista, cientificista, tecnológica. (...) A família, por seu lado, reproduz, numa escala microdimensionada, esse esquema de segregação que a sociedade maior determina. Diante de todas essas questões, atribuo aos próprios idosos uma responsabilidade muito grande nisso, porque foram eles que construíram essa sociedade; eles foram os jovens de ontem que, por opção, por adesão ou por omissão, levaram a esse tipo de sociedade. O jovem de hoje será o idoso de amanhã; e, se não está bom para o idoso de hoje, que se zele para que amanhã esteja melhor (Washington, 1980, p. 14).

A educação permanente, enquanto proposta defendida por pedagogos e psicólogos, que veem na educação centrada no indivíduo a possibilidade de solução dos seus problemas e, por extensão, dos da coletividade, é produto da "ciência" voltada para os interesses da sociedade capitalista. Reflete um imaginário endoidecido pela crença cientificista na solução do "problema da velhice" a partir do homem. Por encobrir as condições reais de vida do velho da classe trabalhadora, acaba, numa ânsia louca, por responsabilizar o idoso pela tragédia em que se vê mergulhado. O homem dominado durante toda uma vida, pobre, só, desamparado, na etapa final precisa se instrumentalizar para conseguir colher os frutos da "árvore da fantasia" que não conseguiu plantar, e que, portanto, não existe. Ao lado do sentimento de responsabilidade, é inculcado no velho o sentimento de culpabilidade.

Continuando, a autora explica em que consiste a educação permanente.

> Vamos, então, tentar buscar a afirmação a partir da negação.
> Em primeiro lugar, educação permanente não é educação de adultos; não é profissionalização intensiva; não é educação extraescolar; não é reciclagem; não é ensino supletivo; não é busca de diplomas; não é

educação de grupos marginalizados; não é educação popular, muito embora todas essas atividades mencionadas possam compor um programa de educação permanente. (...)

Eu citaria duas afirmações: uma delas, que foi proposta num seminário sobre educação permanente realizado em 1970, em Buenos Aires, diz que *educação permanente é o aperfeiçoamento integral e sem solução de continuidade da pessoa humana, desde o nascimento até a morte.*

Uma outra, de Pierre Furter, diz que *educação permanente é uma dialética da educação, como um duplo processo de aprofundamento tanto da experiência pessoal quanto da vida social global, que se traduz pela vida ativa, efetiva e responsável de cada sujeito envolvido, qualquer que seja a etapa da existência.* (...)

Vemos, portanto, a educação permanente como três etapas de um processo: a primeira, enquanto processo de desenvolvimento individual; a segunda, enquanto princípio de um sistema de educação global; e, finalmente, enquanto estratégia de desenvolvimento integral, tanto dos indivíduos quanto da sociedade. Logo, um conjunto de tarefas para o cumprimento dessas etapas, a fim de que aqueles objetivos voltados para o desenvolvimento individual e social possam ser atingidos (Washington, 1980, p. 15).

Trata-se, como podemos concluir, de uma educação da alienação, para a alienação e pela alienação. A proposta de adaptação do indivíduo a um mundo em constantes transformações, a conquista de melhoria social, é expressão do pensamento conservador. Entra aí o papel das instituições — no caso, do SESC —, para evitar a anomia em que, dentro dessa linha de pensamento, o idoso se verá inevitavelmente mergulhado. A educação alienante, inerente a essa mistificação pedagógica, faz parte do que denominamos a lógica da questão da velhice na ação do Serviço Social do Comércio.

Carlos Rodrigues Brandão, em sua obra *Educação popular*, refere-se à educação permanente:

Alheios à questão da reprodução da desigualdade no interior do sistema capitalista, e também ao papel que historicamente a educação cumpre aí, projetos de educação permanente não somente utopizavam a possibi-

lidade de toda a vida social reorientar-se enquanto um trabalho educativo plenamente humanizador, como também imaginavam a possibilidade de universalização de um novo homem, de uma nova cultura e de um mundo novo através do poder humanizador de uma educação que envolvesse a todos, todo o tempo. Estamos de volta aos tempos de ouro do "otimismo pedagógico". (...)

Tal como foi proposta, muito mais como apenas um movimento pedagógico de intelectuais humanistas, nenhum programa de educação permanente realizou-se na América Latina. Provavelmente também não no Canadá, outro forte foco de interesse por ela, e nem na Europa. De um movimento que produziu apenas ideias, restavam princípios de realização utópica de uma educação humanista. Princípios que hoje em dia alguns programas de educação de adultos incorporaram como seus, como a ideia de um trabalho pedagógico contínuo, que permanentemente recicle o educando em um mundo em constante mudança, de tal modo que a educação se converta no principal agente cultural da adequação do sujeito ao seu ambiente (Brandão, 1984, p. 65-6).

2. A vigilância sagaz

Entre a análise que o SESC faz da "problemática da velhice" e a ação que oferece — e que nos propusemos a analisar ao longo deste capítulo —, há duas temáticas que é preciso obrigatoriamente apontar. A primeira diz respeito ao crescimento do número de idosos e à política social em favor dos mesmos; a segunda remete à questão da contribuição da gerontologia e da geriatria para a compreensão do drama que envolve a terceira idade. Em outras palavras, trata-se da posição do SESC em relação ao Estado brasileiro no que se refere à proteção dos idosos, e à gerontologia-geriatria, enquanto produtoras da ideologia da velhice.

Relativamente à primeira temática, utilizaremos dois documentos. Um, de autoria de Marcelo Antonio Salgado, traduzido para o inglês, francês e alemão, "O significado da velhice no Brasil: uma imagem da realidade latino-americana", e o outro — "Os idosos: uma nova categoria etária no Brasil" —, escrito por Zally Pinto Vasconcellos de Queiroz, ambos os autores funcionários do SESC.

Em nível do documento que estamos analisando, como se coloca Marcelo Antonio Salgado diante do aumento de idosos e a correspondente política social criada pelo Estado brasileiro? Que mais o impressiona nesta política? Para ele,

> o fenômeno da longevidade, embora em caráter universal, não mudará substancialmente o panorama da pirâmide etária do mundo atual. Entretanto, afetará os países menos desenvolvidos, acarretando o surgimento de um problema social, na medida em que o ajustamento do grupo etário idoso não se processe de maneira normal, com adequadas condições que garantam a qualidade de vida (Salgado, 1982, p. 7).

Observa-se, pois, a preocupação em adotar uma política social em favor dos idosos, diante da ameaça do aparecimento de mais um problema social. Continuando, o autor analisa a situação nos países subdesenvolvidos ocultando o fato de que o modo capitalista de produção é o responsável pelas condições de vida do homem. Ressalta dois fatores que explicam a não inclusão do problema do envelhecimento no rol das grandes questões sociais: a pouca representatividade dos idosos na pirâmide etária populacional e a falsa ideia de que a manutenção das estruturas tradicionais da família garantem aos idosos a necessária inserção social e proteção econômica. Nestes países os recursos disponíveis são destinados para problemas sociais considerados de maior importância como, por exemplo, a saúde e a educação.

Referindo-se ao Brasil, chama a atenção para o fato de, nas duas últimas décadas, ter aumentado consideravelmente o número de pessoas com mais de 60 anos. Com isso, as questões sociais relativas aos idosos já despertaram a atenção de inúmeros profissionais, instituições sociais e órgãos governamentais, mas a ação organizada em prol da terceira idade ainda é relativamente limitada.

Coerente com a postura ideológica adotada, aponta a urbanização e a industrialização como sendo responsáveis pela situação dos idosos no Brasil.

> O nível de desenvolvimento, de urbanização e industrialização são condições determinantes dos problemas sociais, e, sob esse ponto de vista, o Brasil apresenta situações muito diversas (Salgado, 1982, p. 9).

Se, por um lado, afirma, como salientamos, que a ação a favor da "terceira idade" é, no que se refere à organização, relativamente limitada, por outro, ressalta que,

> nos últimos anos, a política social brasileira foi marcada por uma preocupação crescente de atendimento à população idosa. Pela primeira vez em nossa história, durante esse período, as comunidades se mobilizaram, tendo em vista o encontro de soluções para os seus problemas mais urgentes, o que resultou na inclusão formal do problema da terceira idade na lista de prioridades dos órgãos públicos, especialmente daqueles que se ocupam da previdência social (Salgado, 1982, p. 12).

Portanto, segundo o técnico em velhice, o Estado responde aos apelos da comunidade mobilizada. Enaltece o papel dos profissionais sociais e das instituições privadas, mencionando o SESC que, segundo ele, passou a assumir uma postura crítica e, por decorrência, a incluir os idosos em seus projetos de ação.

> Nesse sentido é preciso mencionar o SESC — Serviço Social do Comércio no Estado de São Paulo. O SESC é pioneiro no Brasil na criação de programas de atendimento não institucional para pessoas idosas. Os conhecimentos acumulados e a ação desenvolvida pela entidade tiveram grande influência na definição dos primeiros caminhos de uma política social dos órgãos públicos brasileiros, bem como na orientação dos trabalhos sociais (Salgado, 1982, p. 12).

Evidenciando o complexo ideológico que embasa o seu discurso, Salgado acaba justificando a fragilidade da política social em favor dos idosos:

> A velocidade das transformações desenvolvimentistas nos países em desenvolvimento acarreta naturalmente desordens graves e constitui um fato sem precedentes na história, pois os países hoje desenvolvidos tiveram pelo menos um século para se adaptarem às novas condições. Assim, é natural a fragilidade das políticas sociais em favor das pessoas idosas (Salgado, 1982, p. 12-3).

A contradição presente em sua análise se torna mais evidente ao cobrar do Estado a solução para a problemática da velhice.

> Pouco, porém, poderá ser feito se os poderes públicos não tomarem consciência não somente da existência do problema eminente como da necessidade de soluções, antes que o número de idosos na população aumente, agravando a situação (Salgado, 1982, p. 13).

Finalmente, o autor deixa descoberta a real intenção que mediatiza a ação do SESC: há que se investir na qualidade da vida para se conseguir uma população laboriosa até o fim, uma população realmente produtiva:

> Medidas sociais amplas podem favorecer um envelhecimento biofísico-social mais saudável, condição essa que determinará a existência de populações idosas mais participativas no processo de produção (Salgado, 1982, p. 13).

No segundo documento utilizado para a dinamização da temática referente à posição do SESC em relação à política social para os idosos formulada pelo Estado brasileiro, consta a seguinte explicação:

> A partir da realização, em 1976, dos seminários regionais sobre "A situação do idoso na sociedade brasileira" (São Paulo, Belo Horizonte e

Fortaleza) e do Seminário Nacional sobre "Estratégias de Política Social para o Idoso no Brasil" (Brasília), bem como das análises decorrentes de levantamento, discussões, intercâmbio de informações e estudos sobre a legislação vigente, foi elaborado um diagnóstico sobre a situação do idoso no país e formuladas as diretrizes básicas de uma política social voltada para essa faixa etária, focalizando a problemática do processo do envelhecimento e da velhice institucionalizada ou não, em todo o território nacional. O Ministério da Previdência e Assistência Social, coordenador dessa ação política, publicou em 1977 o documento "Política Social para o Idoso: Diretrizes Básicas" que apresentou propostas (Queiroz, 1982, p. 27),

a serem postas em ação. Essas propostas consistiam na implantação do sistema de mobilização comunitária com o objetivo de assegurar a manutenção do idoso na família, a integração institucional e a utilização adequada e regular dos meios de comunicação social a serviço dos idosos; na melhoria do atendimento institucionalizado e do atendimento médico-social; na preparação para a aposentadoria, visando levar os pré-aposentados à reformulação dos seus projetos de vida; no treinamento de recursos humanos devendo atingir todo pessoal que se ocupa da velhice; e, finalmente, na coleta de dados e produção de informações sobre a situação do idoso no país.

A autora do documento, Zally P. V. de Queiroz, justifica que, em função da limitação de recursos e do grande número de prioridades, fica difícil uma ação específica em favor da população idosa. Conclui que

> a política social da velhice no Brasil não é ainda uma realidade e as instituições sociais permanecem na fase de solução parcial dos problemas da velhice, agindo apenas sobre as consequências do seu crescente isolamento social (Queiroz, 1982, p. 28).

Com relação à segunda temática — a contribuição da gerontologia e da geriatria para o conhecimento da problemática da velhice —, utilizaremos dois documentos. O primeiro, "Gerontologia — estudo científico do envelhecimento", é parte do livro *Velhice, uma nova ques-*

tão social, também de autoria de Marcelo Antonio Salgado, cuja publicação teve grande repercussão, contando, inclusive, com o apoio da imprensa.[1] Com esse documento pretendemos demonstrar o lugar que ocupam a gerontologia e a geriatria, segundo a concepção do técnico do SESC, na solução dos problemas da velhice. O segundo refere-se à palestra da gerontóloga Claudine Attias-Donfut, trazida pelo SESC ao Brasil para oferecer aos técnicos em velhice sua contribuição na Semana de Estudos realizada por essa entidade em 1978.[2] Portanto, com esse documento, objetivamos evidenciar a influência que as teorias defendidas por essa especialista exercem sobre o SESC.

Marcelo Antonio Salgado afirma que

> Houve sempre, por parte do conhecimento científico, um profundo interesse nos estudos do homem e nos da evolução da espécie humana; daí resultam a origem e o desenvolvimento de várias ciências, com esse particular e único objetivo (Salgado, 1982, p. 21).

Explica que, entretanto, até há pouco tempo, a preocupação maior se voltou para pesquisas referentes à infância e à juventude.

> Apesar da consciência de que a vida é um processo global, traduzido por estágios sucessivos e modificações contínuas, que vão desde o

---

1. A *Folha de S.Paulo* publicou uma longa matéria sobre o trabalho do autor, coordenador do Centro de Estudos da Terceira Idade (CETI), da qual selecionamos pequenos trechos. "Hoje, quando o assistente social e professor Marcelo Antonio Salgado estiver lançando, na livraria Teixeira da rua Marconi, seu livro *Velhice, uma nova questão social*, a partir das 18 horas, o público presente poderá assistir à primeira apresentação de dois grupos muito especiais: o Coral e a Orquestra de Cordas da 3ª Idade, num total de cem pessoas com mais de 45 anos de idade. (...) Com essas atividades artísticas eles mostram também um pouco do trabalho de Salgado, criador há dez anos, junto com outros técnicos do SESC de São Paulo, de um primeiro centro de convivência para idosos. (...) Marcelo Antonio Salgado, que em 1982 deverá participar de uma assembleia mundial (a primeira), na ONU, para tratar da questão da velhice, junto com representantes da Europa, África, Oriente, continente norte-americano e América Latina, levando a experiência do SESC, está satisfeito: o Brasil não se destaca pela quantidade mas pelas propostas progressistas que tem desenvolvido, 'o que deixa muitos espantados por estudos desse tipo partirem de um país do Terceiro Mundo'" (*Folha de S.Paulo*, p. 29, 7 ago. 1980).

2. Em abril de 1981 a especialista em velhice voltou ao Brasil como convidada dessa entidade para reativar os estudos e reflexões sobre os problemas da terceira idade.

nascimento até a morte, as etapas da vida adulta e da velhice foram significativamente desconsideradas (Salgado, 1982, p. 22).

Enaltece, em seguida, o papel das ciências médicas no prolongamento da vida humana e o do Estado, enquanto criador de medidas de proteção à classe trabalhadora. A elaboração do imaginário que fala sobre a velhice, desconsiderando a realidade histórica das sociedades de classe, cujos conflitos exprimem as contradições do próprio social, faz aparecer um Estado uno, acima das classes, que protege o trabalhador contra a progressiva e irreversível divisão do trabalho. Oculta que na divisão social do trabalho encontra-se o cerne para a explicação do drama da velhice na classe trabalhadora e que o Estado é o instrumento utilizado pela classe dominante para continuar sendo dominante; oculta que as leis, por sua vez, longe de beneficiarem a classe trabalhadora, controlam as relações sociais em benefício da classe dominante, possibilitando que o Estado apareça como Estado de Direito.[3]

> As sociedades, porém, começaram a prorrogar intensamente o envelhecimento de suas populações, graças aos avanços das ciências médicas que, não só afastaram as consequências fatais de determinadas moléstias, como também desenvolveram importante ação profilática, no campo da saúde preventiva. Nesse particular, muito contribuíram as medidas sociais, corporificadas em códigos de legislação trabalhista, que visam a minimizar os efeitos da progressiva e irreversível divisão do trabalho e proteger a pessoa e os direitos dos trabalhadores (Salgado, 1982, p. 22).

Marcelo Antonio Salgado explica que a gerontologia se originou de estudos sobre a sociologia, a psicologia e a biologia do envelhecimento, realizados nas décadas de 1930 e 1940, e que tiveram grande

---

3. "Como o Estado é a forma na qual os indivíduos de uma classe dominante fazem valer seus interesses comuns e na qual se resume toda a sociedade civil de uma época, segue-se que todas as instituições comuns são mediadas pelo Estado e adquirem através dele uma forma política. Daí a ilusão de que a lei se baseia na vontade e, mais ainda, na vontade destacada de sua base real — na vontade *livre*. Da mesma forma, o direito é reduzido novamente à lei" (Marx e Engels, 1984, p. 98).

impulso a partir de 1950. Assim, vêm se fortalecendo dois ramos não menos importantes: a geriatria — que tem por objeto de estudo as doenças do envelhecimento — e a gerontologia social — voltada aos processos psicossociais manifestados na velhice.

> Embora não se encontrem definitivamente explorados, esses dois setores das pesquisas gerontológicas já apresentaram magníficas e muito produtivas contribuições para a elucidação da natureza do processo do envelhecimento, e provaram estar em condições de levantar questões sobre os problemas dele decorrentes. Na realidade, desde que não se considerem setores excludentes, já permitem interpretações e elucidações, com base científica (Salgado, 1982, p. 23).

Defende, por último, a interpretação do envelhecimento como fenômeno multidimensional, isto é, como fenômeno para o qual concorrem fatores biológicos e socioambientais. Aponta como sendo necessária a educação para a velhice, tão importante quanto a que prepara o indivíduo para a passagem da infância à vida adulta.

A colaboração prestada por Claudine Attias-Donfut, gerontóloga e socióloga francesa, para a Semana de Estudos realizada pelo SESC em 1978, foi publicada em dois volumes nos *Cadernos da Terceira Idade*. A especialista, inicialmente, discorre sobre os aspectos demográficos da velhice explicando que

> o envelhecimento da população europeia é um processo de sociedade desenvolvida, não sendo portanto específico de uma região, mas representando um modelo que pode ser transposto para as várias partes do mundo à medida que vão atingindo graus semelhantes de desenvolvimento (Donfut, 1979, p. 5).

Conforme indica seu texto, considera-se hoje expectativa de vida o número médio de anos que ainda resta ao indivíduo para viver a partir dos 65 anos. Assim, só é levada em consideração a mortalidade que ocorre após essa idade. As expectativas de vida traduzem os diferentes graus de desenvolvimento dos países. Aponta, entretanto, diferenças dentro de uma mesma sociedade: com relação ao sexo — o tempo de vida das mulheres é sempre mais elevado que o dos homens — e às categorias socioprofissionais. Aliás, esta concepção que reduz a "categorias socioprofissionais" as classes sociais das sociedades capitalistas é indicadora das bases que fundamentam a análise da velhice feita pela conhecida gerontóloga francesa. Descreve os resultados de uma pesquisa feita na França sobre a expectativa de vida segundo as várias profissões. É fácil localizar o lugar ocupado, na escala decrescente de vida, pelos componentes da classe trabalhadora: os operários especializados, os assalariados agrícolas e a mão de obra braçal são os que vivem menos. Nenhuma palavra é dita pela gerontóloga sobre a relação entre vida e morte na sociedade francesa.

Abordando as causas do envelhecimento demográfico da população, lembra que o aumento da longevidade está diretamente ligado à melhoria das condições de vida por parte da população. Mas, alerta para o fato de ser preciso considerar também um

> problema muito importante, a fecundidade, que determina o ritmo dos nascimentos e que aumenta a população.
> Existem duas fórmulas de se verificar o crescimento de uma população. Há o crescimento por cima, que é traduzido pelo aumento do número de pessoas idosas, e o crescimento por baixo, isto é, a diminuição do número de crianças. (...) Mas, até o momento, o fator mais importante que leva ao envelhecimento da população é a inibição da taxa de natalidade e não a diminuição da taxa de mortalidade (Donfut, 1979, p. 8).

Com relação às consequências do envelhecimento demográfico da população, tomando por base a França, Attias-Donfut exibe, em primeiro lugar, as mudanças que ocorrem na vida da família: os casais passam a viver juntos por mais tempo, e é comum duas gerações de idosos conviverem num mesmo grupo familiar, uma vez que muitos aposentados ainda têm pais vivos. A segunda consequência refere-se ao aumento do número de viúvas idosas vivendo sozinhas — considerando que a mortalidade masculina é mais acentuada —, sofrendo os maiores problemas criados pela aposentadoria: solidão e pobreza. Finalmente, a mudança na paisagem demográfica, o problema de caráter econômico e o aumento da prestação de assistência médica são, segundo a autora, as últimas consequências do envelhecimento demográfico.

Quanto à mudança na paisagem demográfica, esclarece que, diferentemente do Brasil, na França as zonas rurais possuem maior número de idosos por causa do êxodo rural — decorrente da saída da população jovem que vai trabalhar nas cidades — e da migração dos aposentados, isto é, no momento da aposentadoria as pessoas voltam ao lugar onde nasceram — os campos.

Entretanto, as duas últimas consequências são as que mais nos interessam, por se referirem à grande preocupação do Estado brasileiro: o ônus que o aumento do número de idosos acarreta aos cofres públicos.

> Na França, para um aposentado, temos apenas três que são população ativa, consequentemente, a carga sobre a população ativa é muito pesada e, além disso, as aposentadorias são muito pequenas. Outra consequência para o lado econômico dessa população é o aumento do orçamento atribuído à saúde e o orçamento atribuído aos encargos sociais. É uma carga mais alta e uma responsabilidade maior (Donfut, 1979, p. 10-1).

O discurso da gerontóloga francesa, referente às duas últimas consequências do envelhecimento demográfico da população, enfatiza, portanto, os gastos do Estado para garantir melhor qualidade de vida à população de idosos. É em tom de alerta que exalta a necessidade de uma política social voltada para a velhice brasileira. Embora o Brasil ainda não se defronte com o tipo de problema vivido na França, "é importante que nos conscientizemos do tipo de evolução que talvez chegue ao Brasil, em um futuro próximo. Atualmente, neste país, há uma proporção limitada de pessoas que têm mais de 65 anos e é justamente uma boa época de se pensar em estabelecer uma política racional e bem definida para a velhice. É muito mais fácil estabelecer hoje essa política do que esperar que o problema surja ou que se torne muito mais difícil de resolver, como acontece na Europa" (Donfut, 1979, p. 11). Essa precaução, no Brasil, se encontra presente, como vimos, no discurso dos gerontólogos, do Estado e dos técnicos em velhice, unânimes em defender a proposta de uma velhice tutelada.

Relativamente à temática "família", discorre sobre pesquisas realizadas em alguns países da Europa e explica as causas das alterações nas relações entre os idosos e seus familiares. Sua fala evidencia que para ela a família é única, isto é, não considera o fato de existirem diferentes formas de organização familiar dentro de um mesmo espaço social; desconsidera as formas de organização familiar como realidade inerente ao modo de produção capitalista, caracterizado pela existência de classes sociais. As relações entre idoso e família na classe trabalhadora são as mesmas entre idoso e família na classe não trabalhadora? Silencia-se sobre esta questão, visto que oculta o fato de as relações familiares não serem independentes das relações de produção. Limita-se, com sua análise funcionalista, a apontar, por exemplo, as mudanças ocorridas na família com o avanço tecnológico e a crescente divisão social do trabalho. No entanto, a divisão do trabalho somente é mencionada para ressaltar que, com ela, "a colaboração no trabalho, que antigamente ocorria no seio da família, ficou suprimida e a família encontra-se um pouco afastada de todo o trabalho produtivo" (Donfut, 1979, p. 38).

Parece-nos evidente que o fato de a família vir perdendo progressivamente sua dimensão de produtividade e se transformando em um grupo em que a necessidade de vender no mercado sua força de trabalho, na busca do sustento pessoal e grupal, impede os adultos produtivos de se dedicarem diretamente a seus dependentes improdutivos (crianças e velhos). Na medida em que as pessoas improdutivas (no caso, os idosos) são remetidas à família (grupo improdutivo), transparece bem como a sociedade capitalista privilegia e relaciona pessoas e grupos por seu grau de produtividade lucrativa.

Note-se que para Attias-Donfut, a política social para a velhice "deveria se encaminhar, seja para ajudar a família a desempenhar o seu papel, seja para trabalhar em ligação íntima com a família e a instituição social para que uma e outra sejam intermediárias num processo de terapêutica social" (Donfut, 1979, p. 40). Pode-se concluir que a família e as instituições sociais visam, assim, a um alvo privilegiado, a velhice em perigo, aqueles velhos que não se beneficiaram de todos os cuidados necessários à faixa de idade que estão atravessando. Para a autora, o trabalho social desempenha a função precípua de, se não resolver, pelo menos abrandar os problemas vividos pelos velhos. Porém, o trabalho social é fruto do desenvolvimento da racionalidade do Estado capitalista que, sob a capa da prevenção, estende seu domínio sobre os cidadãos, abafando com panos quentes sua ação de dominador, procurando salvaguardar sua imagem de protetor de todos, acima de qualquer suspeita. Para tanto, a família precisa ser cooptada por ele.

Continuando sua orientação aos técnicos em velhice do SESC, a especialista discorre sobre um assunto de suma importância para os ouvintes: o lazer na velhice. Após descrever várias teorias acerca do tema e explanar sobre a ocupação do tempo livre por jovens e velhos da sociedade francesa, penetra na questão da aposentadoria, considerando o lazer como parte integrante de sua definição. E afirma:

> Podemos dizer que a aposentadoria está ligada tão somente a uma necessidade biológica de interromper o trabalho num determinado momento, mas está ligada também a uma necessidade de tempo livre para o indivíduo, após toda uma vida de trabalho, da mesma forma como nós exigimos um feriado, um descanso depois de uma semana de trabalho ou de um ano de trabalho (Donfut, 1979, p. 47-8).

Sem considerar as condições objetivas de vida no interior das sociedades capitalistas, embrenha-se em caminhos repletos de emboscadas. Desconsidera

> que o trabalhador, durante toda a sua existência, nada mais é que força de trabalho e que, por isso, todo seu tempo disponível é por natureza e por direito tempo de trabalho, portanto pertencente à autovalorização do capital. (...) O capital não se importa com a duração de vida da força de trabalho (Marx, 1983, p. 211-2, v. I).

De nada vale a defesa da qualidade do final da vida, de nada vale a apologia do lazer na velhice, se a produção capitalista "produz a exaustão prematura e o aniquilamento da própria força de trabalho" (Marx, 1983, p. 212, v. I).

Como chega o trabalhador à aposentadoria? Attias-Donfut não consegue enxergar que "o trabalhador sai do processo de produção diferente do que nele entrou, (...) de que seu explorador não o deixa, enquanto houver ainda um músculo, um tendão, uma gota de sangue para explorar" (Marx, 1983, p. 237-8, v. I). Insiste que o lazer não é desfrutado pós-aposentadoria por limitações de saúde e de ordem material. Para ela, a solução do problema reside na eficácia das instituições. Assim, o velho precisará receber proventos mais altos depois de aposentado para que o lazer seja possível. Presa ao método funcionalista, a gerontóloga não se dá conta de que é no modo de produção, e não na ineficácia das instituições, que se encontra a explicação para as condições objetivas de vida do idoso. Não apreendendo as representações como produzidas pelos homens condicionados pelo modo de produção de sua vida material, afirma que, em uma pesquisa realizada na França, fizeram "aos operários ativos certas perguntas sobre as atividades de lazer que desempenham atualmente e as atividades de lazer que têm intenção de exercer quando da aposentadoria" e verificaram "que, sistematicamente, havia uma maior proporção de pessoas que tencionavam, quando da aposentadoria, intensificar o lazer" (Donfut, 1979, p. 50).

Considerando que nas sociedades capitalistas o homem é alienado pelo trabalho, é transformado num meio para a produção da riqueza particular, o lazer não representa uma alternativa para o trabalhador. Contraditoriamente, é apontado como compensação para os velhos que se encontram na condição de não trabalhador. Attias-Donfut conclui que na velhice

> o lazer desempenha uma função preponderante e é baseada nessa premissa que todo o resto da família social será organizado; aliás, uma série de associações de aposentados e clubes já chegaram à mesma

conclusão: eles se organizam no início em volta de uma atividade cultural ou estritamente de lazer, depois progressivamente vão se tornando bases de organizações sociais totais, e aí vamos ter classes de formação, de treinamento e trabalho beneficente (Donfut, 1979, p. 51).

Attias-Donfut confere uma importância especial às denominadas universidades da terceira idade. Menciona uma universidade recém--criada em Nanterre, cujo departamento de formação permanente integra um ensino para pessoas idosas e um ensino geral para estudantes. Jovens e idosos sentam-se lado a lado nos cursos específicos para a terceira idade e, segundo observa,

> tem tido resultados dos mais louváveis até o momento, aliás, notou-se uma influência considerável exercida sobre os estudantes pelos mais velhos, relações muito boas foram criadas e houve até uma alteração nas relações das pessoas que vão à universidade com a geração intermediária, ou seja, a geração de seus próprios filhos (Donfut, 1979, p. 52).

Confere, também, grande significado aos *Day-Centers*. Trata-se de um centro aberto destinado a cuidar dos idosos durante o dia, mantendo-os, assim, em seu domicílio. Na dimensão terapêutica não oferece cuidados específicos, tratando a pessoa como um todo. Além de massagem, psicomotricidade, serviços de enfermagem, psicoterapia, dispõem de pedicure, dietética, ergoterapia, trabalho em grupo, práticas corporais etc.

Em seguida, a gerontóloga chama a atenção para a política voltada à velhice que, de acordo com sua afirmação, compreende duas vias relativamente distintas: a política de aposentadoria — tudo o que diz respeito à administração da passagem do trabalho para a aposentadoria — e a política de ação social — que agrupa um conjunto de serviços e equipamentos, colocados à disposição dos idosos. Sua constante preocupação em comprometer as instituições, salvaguardando o modo capitalista de produção fica evidente na seguinte passagem do seu discurso sobre a política da aposentadoria:

há uma falta de coerência interna no sistema de pensão ou aposentadoria, decorrente do fato de que este se desenvolveu por etapas, de acordo com as circunstâncias, sem que tivesse havido uma organização coerente e contínua (Donfut, 1979, p. 20-1).

Cabe fazer agora menção a um programa que foi realizado na França e, conforme declara Attias-Donfut, representa uma tentativa de política social de conjunto elaborado para o Sexto Plano Nacional de Desenvolvimento. Na medida em que as propostas deste país, voltadas para a solução dos dramas da velhice, têm sido "fonte de inspiração" aos técnicos do SESC, achamos procedente situar este programa citado pela especialista que, ao "objetivo de manter as pessoas no domicílio", alia "um objetivo social mais amplo, que é o de preservar e desenvolver a autonomia dos idosos, bem como facilitar-lhes a participação na vida social, fazendo, desta forma, com que estes se associem à vida comunitária — urbana ou rural" (Donfut, 1979, p. 32). O programa prevê dois serviços obrigatórios: a melhoria da habitação e a participação na vida social e cultural, ao lado de serviços facultativos, porém necessários.

A melhoria da habitação é, segundo Donfut, um serviço prioritário na medida em que é meta do "programa" manter os idosos em seu domicílio. Assim, o governo ou a previdência local contrata empreiteiras para atenderem a pessoas que tenham recursos econômicos insuficientes, consertando e reformando residências, construindo, inclusive, instalações sanitárias, quando estas não existem. Explica, ainda, que muitos idosos que têm habitação própria não dispõem de recursos para mantê-la e conclui ingenuamente: "verificamos que muitas vezes a propriedade se constitui em um problema bastante grande para os proprietários" (Donfut, 1979, p. 33-4). Quanto à participação na vida social e cultural — segunda providência obrigatória —, é conseguida, conforme suas declarações, através de clubes para idosos ou outras formas de "engajamento" na vida social, como casa de cultura, centro social, biblioteca etc. "Poderíamos pensar, também, na criação de cooperativas para pequenos trabalhos de manutenção ou, ainda, em outras atividades adaptadas às várias categorias etárias, proporcionando abertura para uma vida profissional" (Donfut, 1979, p. 33-4).

A especialista refere-se, finalmente, aos três serviços opcionais de atendimento aos idosos: o serviço de informações, a ajuda aos futuros aposentados para se autoprepararem para a aposentadoria e as ações que visam aproximar gerações. O primeiro tem, segundo o programa, um duplo papel: "o de divulgar informação e o de auxiliar os idosos a superarem as dificuldades com que se deparam, através do encaminhamento dos mesmos aos recursos legais, a fim de que seus direitos lhes sejam assegurados" (Donfut, 1979, p. 35-6). O segundo serviço opcional, por sua vez, consiste numa ação preventiva contra os males gerados pela aposentadoria procurando informar e preparar psicologicamente os idosos. O preparo psicológico é confiado aos clubes, associações e serviços departamentais, mas, conforme declara Attias-Donfut, há dificuldade "em conseguir que as pessoas mais idosas frequentem as associações" (Donfut, 1979, p. 37). As ações que visam aproximar gerações desenvolvem-se através dos clubes para idosos — que também aceitam membros jovens —, do desenvolvimento da solidariedade da vizinhança e da vida social do aposentado.

Cita, também, o serviço auxiliar doméstico, que se desenvolveu muito nos últimos dez anos, tendo a função de manter os idosos em seus lares.

> Trata-se da possibilidade de enviar, à residência de uma pessoa idosa deficiente — que vive apenas de salário mínimo —, um auxiliar, uma doméstica que possa, pelo menos, fazer os serviços mínimos; que auxilie no preparo de uma refeição, na limpeza de uma casa (Donfut, 1979, p. 40).

A ideóloga da velhice enfatiza a necessidade de serem empreendidos estudos e reflexões para a implantação no Brasil de uma política voltada à velhice. Depreende-se de seu discurso a crença de que a estabilização da sociedade tecnocrática caminha a par com a adaptação de todos; a crença de que o capitalismo de organização promoverá o bem-estar do homem em geral, resolvendo, assim, os problemas sociais do homem no fim da vida. Sua fala resume-se a uma série de receitas para melhorar a qualidade de vida dos idosos, algumas delas já colocadas em prática na França, outras por ela prescritas como necessárias.

A esta altura de nossas considerações é fundamental frisar que não temos por objetivo meramente a crítica do pensamento de Attias-Donfut. Desejamos, com nossa leitura, evidenciar a influência que o pensamento da gerontóloga — expressão do pensamento sobre a velhice formado e formulado a partir de condições concretas determinadas pelas e para as sociedades capitalistas — exerce sobre os técnicos em velhice do SESC, cujo desvendamento será, a seguir, objeto de análise.

As propostas formuladas por Donfut, expressas na política social para idosos desenvolvida na França, refletem a alta preocupação do "Estado do bem-estar social" em amortecer as contradições geradas pelo modo de produção capitalista. O homem, explorado durante toda uma existência, passa a ser objeto de um sistema de medidas paliativas que chegam até à assistência em detalhes que, via de regra, não são unicamente "problemas de idosos". É indiscutível que por detrás dessa política social esconde-se a sagaz estratégia utilizada diante da ameaça que representa o crescimento do número de idosos: mantê-los sob vigilância.

3. O SESC tutela os idosos

Para prosseguirmos a análise a que nos propomos, consideramos especialmente importante a entrevista que nos foi concedida em 30 de agosto de 1983 por Osvaldo Gonçalves da Silva, técnico do Centro de Estudos da Terceira Idade (CETI), do SESC.

Inicialmente, o entrevistado discorreu sobre a participação do SESC nas duas assembleias que foram realizadas em Viena, em 1982:

Da primeira delas participaram associações não governamentais de diferentes países, com o objetivo de serem explicitadas as ações pró-idosos que vêm sendo desenvolvidas por essas instituições. Paralelamente, foram debatidas questões importantes a respeito dos problemas enfrentados pelos idosos nos países participantes. Na realidade essa assembleia foi, a bem dizer, uma preparação para a assembleia internacional, organizada pela Organização das Nações Unidas (ONU) e que se fez realizar alguns meses após, também em Viena. Essas assembleias são, em si, meros eventos, se bem que a partir da contribuição de especialistas que aí apresentam novas teorias a respeito dos problemas que envolvem os velhos, é possível dinamizarmos as nossas reflexões. Além das informações, o contato com técnicos, peritos, também nos é bastante importante. A nossa participação nessas assembleias fez-nos concluir que os problemas enfrentados pelos idosos são semelhantes nos diferentes países, variando, é óbvio, no que se referem aos aspectos culturais e econômicos, isto é, os problemas, embora da mesma natureza, são mais ou menos intensos dependendo do estágio econômico e cultural dos países. Nos países africanos, onde o patriarcalismo ainda predomina, o velho é muito respeitado, sendo considerado um sábio. "Quando um velho morre, é uma biblioteca que se queima." No Brasil os problemas dos velhos são reflexos dos nossos problemas econômicos e sociais. Os velhos, enquanto minoria que são em nossa sociedade, são carentes de assistência, sendo relegados a um segundo plano.

Atente-se para a referência que o entrevistado faz sobre a ligação do SESC com entidades fora do Brasil, e a contribuição de Donfut, o que reafirma nossas considerações anteriores.

Além da França, a Inglaterra e os Estados Unidos têm desenvolvido bastante os estudos sobre a velhice e dinamizado as técnicas de atendimento aos idosos, se bem que o SESC tem tido acesso somente aos trabalhos que vêm sendo realizados na França. Isso se deve aos contatos dos nossos técnicos com especialistas franceses através de cursos dos quais têm participado. É o caso de Marcelo Antonio Salgado, autor da obra *Velhice, uma nova questão social* e de outros trabalhos sobre os idosos, que fez o curso sobre a terceira idade na Fundação Renée Descartes. Além disso, o SESC conseguiu trazer ao nosso país, por duas vezes, a gerontóloga Claudine Attias-Donfut, cuja contribuição foi muitíssimo importante. O primeiro seminário de estudo sobre a terceira idade, proferido por essa especialista, já foi publicado por nossa instituição.

Continuando, explicou o papel que o SESC vem desempenhando no atendimento aos idosos, comparado à frágil atuação do Estado brasileiro.

O SESC procura suprir a deficiência que existe no atendimento aos idosos, na medida em que o Estado brasileiro não possui uma política social que os beneficie. Caso existisse essa política, e dependendo da sua abrangência, o SESC talvez pudesse investir em outra atividade. Em nossa sociedade o problema do idoso não é prioritário; há outros problemas que têm uma repercussão social maior, como, por exemplo, o do menor. O idoso é minoria. Isso faz com que o governo não dê tanta atenção ao idoso. O Estado preocupa-se apenas com o idoso institucionalizado, daí a ação do SESC voltar-se ao idoso não institucionalizado, isto é, aos aposentados, aos marginalizados, embora sadios e em condições de participar ativamente da nossa sociedade.

Assim, o técnico em velhice refere-se ao complexo tutelar criado pela entidade com um domínio de intervenção explícito: servir a velhice em perigo por meio de projetos que trazem, segundo ele, uma nova postura em relação aos problemas da velhice.

O SESC possui equipes multiprofissonais onde atuam psicólogos, assistentes sociais, pedagogos, professores de educação física, médicos e sociólogos envolvidos com os três programas que estão sendo desenvolvidos: Escolas Abertas para a Terceira Idade; Centros de Convivência de Idosos e Programa de Preparação para a Aposentadoria. O objetivo geral para estes três programas é a integração do idoso no meio social, uma vez que ele enfrenta o problema da marginalização social. Desses programas participam tanto aposentados, quanto pessoas que trabalham e querem entrar em contato com a gente da mesma idade.

Esclareceu ainda que

o trabalho do SESC com aposentados começou há vinte anos, de forma modesta, isto é, não da maneira como está estruturado atualmente. A ação SESC com relação aos idosos não teve o mesmo dinamismo nestes vinte anos. Nos últimos sete anos é que se deu maior ênfase a esse tipo de ação surgindo, assim, primeiramente centros de convivência, depois as escolas abertas e, só recentemente, o Programa de Preparação para a Aposentadoria. O CETI foi criado para dinamizar os estudos da terceira idade e coordenar as atividades referentes ao trabalho social com idosos.

Discorreu em seguida sobre cada um dos programas desenvolvidos pelo SESC.

Esses programas estão sendo desenvolvidos em algumas cidades do nosso estado, além da capital. A estrutura básica é sempre a mesma. Entretanto, as unidades operacionais do SESC dinamizam as ações em função dos recursos locais, isto é, dos equipamentos, recursos humanos e financeiros, opções culturais e lazer. Em outras palavras, a estrutura básica é adaptada segundo as condições locais.

Há centros de convivência espalhados pelo Brasil; o SESC atua mais no estado de São Paulo, mas, além dele, a LBA e algumas entidades particulares também orientam trabalho semelhante. O SESC tem um plano de estender centros de convivência a todos regionais, isto é, a todo o país, uma vez que o trabalho em São Paulo cresceu bastante. Os centros de convivência do SESC funcionam da mesma forma em todos os lugares, havendo de 28 a 30 no estado de São Paulo e alguns em outros estados brasileiros: Minas Gerais, Rio de Janeiro, Paraná etc. São Paulo é o nosso laboratório. O trabalho da LBA não é semelhante ao do SESC; é mais assistencial do que promocional. O do SESC não é assistencial, paternalista como o da LBA. São os próprios idosos que fazem os idosos caminharem. Só existe uma orientação técnica. Nos centros de convivência busca-se mais o associativismo e a sociabilidade com o objetivo de combater o isolamento.

Com as escolas abertas para a terceira idade o SESC tem o objetivo de conseguir atualizar os conhecimentos dos idosos visando sua participação no meio social. Por exemplo, ficará mais fácil ao pai ou avô conversar com jovens de outra geração. Procura-se através dos seus módulos de ensino adaptar o indivíduo à fase do envelhecimento. Na medida em que a velhice é algo irreversível, o idoso precisa se conscientizar que, apesar das desvantagens, esta fase da vida tem também os seus valores. Há 10 a 12 escolas abertas em todo o estado, sendo duas na cidade de São Paulo; uma funciona na rua Dr. Vila Nova e a outra na rua do Carmo, 147. Na medida em que os idosos permanecem muito tempo nas escolas, o conteúdo veiculado é bastante flexível. Há necessidade de um trabalho de criatividade do próprio técnico no sentido de serem criadas atividades novas. Procuramos não repetir as atividades cada vez que se inicia um novo curso.

O Programa de Preparação para a Aposentadoria não está ainda se concretizando em muitos lugares. O SESC não prepara diretamente os que vão se aposentar, isto é, prepara o pessoal de recursos humanos das empresas para que elas desenvolvam esse programa de preparação das pessoas que para elas trabalham, e que estão em vias de se aposentarem. A experiência feita no sentido do próprio SESC preparar para a aposentadoria não deu certo, pois, além dos indivíduos precisarem se locomover até o local do curso, perdiam horas de trabalho. A empresa, assumindo essa tarefa, se torna simpática ao futuro aposentado por beneficiá-lo, na medida em que aponta para um novo modo de vida. Até agora o SESC fez apenas um treinamento: ao grupo CAEMI. Contando com um grande número de empresas o CAEMI iniciou este programa em alguns estados, pretendendo estendê-lo a todas empresas do grupo.

O técnico do CETI referiu-se também aos encontros de idosos promovidos pelo SESC.

O primeiro encontro Nacional de Idosos ocorreu em 1982, tendo sido fruto de três encontros estaduais. Teve o objetivo de propagar as experiências desenvolvidas pelo SESC nas mais diferentes áreas. O primeiro Encontro Estadual de Idosos teve como tema geral a "Educação permanente", o tema do segundo Encontro foi "O idoso e a preservação do meio ambiente" e do terceiro "O idoso e a preservação da memória cultural". O SESC pensou então em estender as informações acumuladas a partir desses encontros a toda população idosa do Brasil. O tema do Encontro Nacional de Idosos foi "O idoso e sua participação na comunidade". Desse encontro participaram representantes dos setores públicos e privados dos estados do Pará, Ceará, Rio Grande do Norte, Alagoas, Bahia, Goiás, Brasília, Minas Gerais, Rio de Janeiro, Paraná, Santa Catarina e Rio Grande do Sul. Os idosos é que fazem as pesquisas sobre os temas discutidos nos encontros, embora os cientistas façam suas pesquisas paralelamente. O enfoque que o idoso dá ao tema é diferente do enfoque que é dado pelo técnico. O idoso aborda sob um ponto de vista prático. Ele vive aquilo que o técnico teoriza. Os temas são desenvolvidos pelos idosos sob diferentes perspectivas, sob diferentes visões. Nos encontros, além das discussões, são apresentados Work's Shoppings, isto é, corais, artes, artesanatos, duplas de músicos, ginástica etc. O SESC enfatiza muito o aspecto cultural, o lazer. Não se desenvolve a recreação pela recreação. Busca-se conseguir que o idoso tire proveito em termos sociais e culturais. Daí o incentivo à arte, artesanato, museus, excursões a cidades históricas, brincadeiras visando à sociabilidade. Lazer, para nós, não é atividade-fim, e sim atividade-meio.

No fim da entrevista, Osvaldo Gonçalves da Silva esclareceu que

o SESC não faz propaganda dos seus programas, anunciando apenas as matrículas. O próprio trabalho se divulga por si mesmo.

Compreenda-se, então, que da ótica do técnico em velhice:

O SESC tem o objetivo de sensibilizar não só o governo como também a população em geral para o problema do idoso, que tende a se agravar. É um argumento racional.

E, se alguma dúvida ainda resta quanto às interligações do SESC e a preocupação com a problemática da velhice como inerente às grandes nações capitalistas, vejamos a última confissão do entrevistado:

Com sua acão o SESC busca evitar o agravamento do problema, pois no ano 2000 já se terá um envelhecimento demográfico. A ONU está muito preocupada com isso.

Referimo-nos, atrás, aos três programas para idosos oferecidos pelo SESC. Retomemos a questão para alguns detalhamentos.

Os grupos de convivência são compostos

> por pessoas com idade geralmente superior a 50 anos, estes grupos têm suas atividades centradas no lazer cultural e recreativo, propiciando a socialização, a participação, o desenvolvimento da criatividade e da autoexpressão.
> Coral, conjunto musical, teatro amador, expressão corporal, ginástica, ioga, excursões, reuniões dançantes e jogos de salão são algumas das atividades desses grupos, acompanhados por equipes multiprofissionais. Existem atualmente 33 grupos de convivência de idosos ligados ao SESC no estado de São Paulo, dos quais participam milhares de pessoas (SESC).

Marcelo Antonio Salgado explica que os clubes e os centros ou grupos de convivência são o modelo de serviço mais propagado e aceito em todos os países, por responder imediatamente à questão básica da problemática dos idosos: o isolamento social. Quanto ao seu aparecimento, afirma que:

> As primeiras experiências de que se tem notícia surgiram nos Estados Unidos da América e se expandiram rapidamente, o mesmo acontecendo nos países do continente europeu. Na realidade, a história dos programas de atendimento à velhice pode ser contada antes e depois da implantação desse serviço, tal o seu resultado positivo (Salgado, 1982, p. 113).

Prosseguindo, enfatiza o papel que exercem:

> Na sua quase totalidade, os clubes atraem seus participantes pela proposta da ocupação do tempo livre com atividades de lazer, em diferentes campos de interesse como, por exemplo, cultural, intelectual, físico, manual e artístico. Entretanto, todas as pesquisas realizadas com frequentadores desses núcleos revelam ser o contato interpessoal e grupal fonte de maiores satisfações (Salgado, 1982, p. 113).

Exalta, em seguida, o fato de os centros de convivência terem sido implantados

pioneiramente na cidade de São Paulo, pelo SESC, e a partir daí, *especialmente quando assumidos pelos órgãos da Previdência Social*, expandiram-se rapidamente por todo o território nacional, estimando-se hoje em mais de uma centena os movimentos existentes (Salgado, 1982, p. 113; grifos meus).

Segundo o autor,

Entretanto, após algum tempo de sucessivas implantações, esse programa parece não estar mais recebendo, incoerentemente, o apoio necessário por parte das comunidades brasileiras, quando se constitui no modelo que menos exige recursos de qualquer ordem e apresenta um baixo custo operacional, o que o torna viável para qualquer município (Salgado, 1982, p. 113).

A tônica, como podemos observar, é sempre a mesma, mantém-se constante o nódulo central de referência:

A França, país de extensão territorial menor que muitos estados brasileiros (...) já possui mais de dez mil clubes para idosos, distribuídos por todas as suas regiões (Salgado, 1982, p. 113).

Para o técnico Darnício Assis,

dentre os aspectos evolutivos dos grupos de idosos, um dos mais significativos foi a participação comunitária que levou os grupos antes centrados em si mesmos a se engajarem em movimentos de ação social, ampliando possibilidades de exercício de novas funções e consequentemente adquirindo novo sentimento de utilidade. Foi essa abertura que propiciou também novos contatos com outras gerações, sobretudo com grupos de crianças, restabelecendo momentos de transmissão cultural intergeracional. Esses movimentos são importantes à medida que se sabe que as rápidas transformações das sociedades modernas e o fenômeno da urbanização acelerada e complexa têm cada vez mais dificultado a convivência familiar e o contato entre velhos, jovens e crianças, em detrimento das gerações mais antigas que perderam o importante papel de formadoras das novas gerações e em prejuízo destas mesmas que se veem cada vez mais afastadas dos valores culturais do passado (Assis, 1979, p. 37-8).

Percebe-se, pelo conteúdo dos documentos apresentados, que o SESC, assimilando o modelo de outras sociedades, busca criar uma infraestrutura de prevenção contra os perigos da velhice. É como se através da "convivência" e dos benefícios que ela desencadeia, fosse possível reter o idoso aquém dos problemas gerados pela sociedade capitalista.

Vimos que, dentre as atividades centradas no lazer, os centros de convivência oferecem corais, conjuntos musicais, reuniões dançantes, ginásticas etc. Por detrás, há a ação de equipes multiprofissionais, isto é, há um racional trabalho social, expressão do desenvolvimento do aparelho de Estado que, sob a capa de assistir a velhice em perigo, quer estender seu domínio sobre os cidadãos a fim de ter os idosos sob controle, abafando com panos quentes mais uma das contradições da organização social capitalista. Irremediavelmente, a velhice é dramática para o trabalhador, cuja vida é marcada pela tragédia da dominação e da exploração. No entanto, receitando o convívio social, desconsiderando as relações de produção, o SESC, através de sua ação racional "em favor dos velhos", propõe que eles dancem e cantem; propõe-lhes exercícios corporais; propõe-lhes o contato com os jovens etc. como se, sabiamente, estivesse lhes indicando o caminho que os conduzirá a um fim feliz.

Devagar, as iniciativas para a abertura de centros de convivência vão aumentando. Embora não tenhamos incluído como nosso objeto de estudo outros programas para idosos no Brasil, a não ser os propostos pelo SESC, achamos importante mencionar que grupos de idosos estão sendo instalados em igrejas, como é o caso da Igreja Santa Rita de Cássia, de Carapicuíba, que mantém um centro para idosos com o objetivo de organizar e discutir "formas de ajuda mútua para combater a solidão" (*Folha de S.Paulo*, 24 fev. 1981).

Na avenida Angélica, em São Paulo, foi criado o "Nosso Centro", para idosos não carentes.

> Funciona como uma espécie de clube, com diversas atividades ocupacionais dirigidas à terceira idade. Ali, de segunda a quinta-feira, período da tarde, não há preconceitos em relação à velhice. Senhores e senhoras, geralmente com idade acima de 70 anos, a maioria pertencente à colônia israelita de São Paulo, encontram-se para bater papo, fazer ginástica, ouvir palestras, passar o tempo em jogos de lazer (*Shopping News/City News*, 14 abr. 1985, p. 18).

Em entrevista ao *Shopping News*, Suzana Frank, fundadora e diretora do centro, explica:

> Eu sempre tive o desejo de iniciar um trabalho semelhante no Brasil. Mas isso somente foi possível há dois anos, com o legado financeiro de uma senhora integrante da colônia israelita.
> No início, a casa se restringia à participação de idosos judeus, mas recentemente a diretoria resolveu abrir as portas a todo segmento da terceira idade não carente. (...) Para os carentes, existem várias entidades que dão assistência. Para os idosos de classes abastadas, principalmente a classe média, não existe nada no gênero. Numa cidade como São Paulo, a solidão é uma constante nos idosos das classes de maior poder aquisitivo (*Shopping News/City News*, 14 abr. 1985, p. 18).

Voltando ao SESC, cumpre dizer que sua "generosidade" vai mais além: funciona também como instituição de reeducação, debruçando-se com empenho na tarefa de educar para a velhice.

Senão, vejamos em que consistem as Escolas Abertas da Terceira Idade.

> Este projeto significa uma nova abordagem de trabalho socioeducativo, cujo objetivo maior é o de propiciar ao grupo etário idoso a redesco-

berta de interesses que o reequilibrem socialmente e retardem as manifestações negativas da velhice.

As Escolas destinam-se a aposentados, donas de casa e a todas as pessoas que, liberadas pela idade das obrigações profissionais e familiares, podem usufruir seu tempo livre para a atualização de conhecimentos, informações culturais e, consequentemente, para uma realização pessoal. (...)

Do programa das Escolas Abertas da Terceira Idade fazem parte os seguintes cursos: Aspectos Psicossociais do Envelhecimento; Informação e Atualização Cultural; Saúde do Idoso; Estudo da Cultura Brasileira.

Estão em funcionamento dez Escolas no estado de São Paulo: Capital — CCD "Carlos de Souza Nazareth" e CS "Mário França de Azevedo"; e, no interior, nas unidades de Campinas, Ribeirão Preto, São Carlos, Catanduva, São José dos Campos, Santos, Piracicaba e Taubaté (SESC).

Eis que temos, em outro documento, o cerne da defesa das escolas para idosos:

No esforço de manter a participação social e a integração de qualquer grupo etário, a sociedade em geral exige, acima de tudo, a manutenção do nível de informação e compreensão de todas as modificações que ocorrem no meio. Esta necessidade se torna ainda mais evidente para a categoria etária dos idosos, para os quais são extremamente importantes as informações sobre o processo do envelhecimento e as transformações rápidas e sucessivas que ocorrem no mundo que está à sua volta (Salgado, 1982, p. 114).

Em seguida, refere-se explicitamente às Escolas Abertas da Terceira Idade mantidas pelo SESC:

Embora variando no que diz respeito a tempo de duração, local de realização, metodologia empregada, maior ou menor volume de informação, pode-se dizer que há, em todas elas, um conteúdo programático básico comum, determinado pelos interesses e necessidades comuns às pessoas idosas em qualquer parte do mundo. (...)

Além dos módulos informativos, as escolas oferecem diversos cursos de curta ou média duração, conforme as características da clientela participante e as disponibilidades em termos de equipamentos e recursos humanos (Salgado, 1982, p. 115).

E na defesa das escolas para idosos reencontramos também a alusão à educação permanente.

Pode-se dizer que o Programa de Escolas para Idosos — atualmente cerca de 70, no mundo todo — se constitui numa proposta de educação permanente adequada à terceira fase da vida, contribuindo efetivamente para a descoberta de novos interesses, novas habilidades e propiciando, inclusive, a reformulação de planos de vida, nos quais os idosos se situam como pessoas participantes e capazes de contribuir até mesmo para a solução de alguns problemas, quer do seu grupo familiar, quer das comunidades das quais fazem parte (Salgado, 1982, p. 115).

A imprensa, sob o título "Idoso: O nervosismo do primeiro dia de aula", refere-se à aula inaugural da Escola Aberta para Idosos.

Uma das atividades mais interessantes que o curso vem desenvolvendo com seus alunos é a reconstituição de brinquedos e brincadeiras de 20-30 anos atrás. Acreditando ser este um dos recursos que a escola utiliza para proporcionar maior integração entre jovens-velhos, Marcelo Salgado vê nesta atividade a oportunidade de valorizar a memória dos idosos: os alunos encontram nas oficinas e laboratórios do curso o material necessário para fazer determinado brinquedo. Eles fazem o trabalho pela primeira vez aqui, depois são convidados a irem em escolas e outras unidades infantis para ensinar as crianças a fabricarem tal brinquedo.
Segundo Marcelo, quase todos os alunos se oferecem voluntariamente para participar dos programas de assistência social, como a campanha do agasalho, ou programas dentro de asilos: "Nossos alunos *voltam a ser úteis socialmente, o que lhes modifica a mentalidade e podem até demonstrar em suas famílias que ainda são pessoas capazes, melhorando o relacionamento familiar*" (Folha de S.Paulo, 6 mar. 1979, p. 11).

Ateliês e oficinas são colocados à disposição do aluno que, na sua maioria, nunca teve contato maior com estas formas de expressão (*Folha de S.Paulo*, 6 mar. 1979, p. 11).

Percebe-se, pelas declarações, que as escolas para idosos incluem a atividade filantrópica no programa da "educação libertadora" dos males da terceira idade. A tutela dos idosos aparece encaixada nos trilhos da filantropia. Trata-se de um alvo estratégico de combate à inutilidade dos velhos através de uma vigilância tal que os transforma também em servidores da caridade, ao mesmo tempo que usufruem dos benefícios oferecidos pela instituição, onde os técnicos desempenham um trabalho social cuja lógica está embasada na filantropia científica.

As Escolas Abertas para Terceira Idade foram criadas sob influência da França, conforme declaração do técnico Darnício de Assis.

> Em 1977, em decorrência do conhecimento que técnicos do SESC adquiriram de diferentes experiências que se faziam com sucesso no exterior, no campo da gerontologia e, particularmente, baseada na Universidade da Terceira Idade de Toulose (França), instalou-se na unidade do SESC da cidade de Campinas a primeira Escola Aberta para Idosos como proposta de nova abordagem de trabalho sócio-educativo (Assis, 1979, p. 38).

Mas a proposta do SESC é mais avançada; outro dispositivo de atendimento às necessidades dos idosos é, como já mencionamos, o Programa de Preparação para a Aposentadoria, o mais recente projeto de trabalho. O sucesso alcançado pelos

> dois projetos dirigidos especialmente aos aposentados, e a necessidade de se antecipar aos problemas que surgem nessa passagem para a inatividade, foram os fatores decisivos que levaram a entidade a ampliar ainda mais sua ação junto aos idosos, procurando atingir, desta feita, aqueles que se acham prestes a aposentar-se (Macchia, 1981, p. 21).

Essa preocupação tem, segundo o SESC, sua razão de ser pois,

> ao deixar para sempre a vida profissional, uma série de modificações profundas ocorrem no modo de viver das pessoas, tais como: a redução dos rendimentos da aposentadoria, em comparação com os dos anos de atividade; o rompimento das relações e a ausência de satisfações oriundas do meio profissional que se abandonou (Macchia, 1981, p. 20).

Assim, "este projeto está sendo desenvolvido através de cursos que objetivam proporcionar àqueles que se encontram já próximos da aposentadoria melhores condições para assumir essa nova fase da vida. Os cursos, estruturados em vários módulos, oferecem informações sobre o processo de envelhecimento em seus vários aspectos, bem como estimulam os pré-aposentados a descobertas de novos valores de realização pessoal para a fase da Terceira Idade" (SESC).

Entretanto, conforme a declaração de Osvaldo Gonçalves da Silva, já registrada, esse projeto recém-iniciado não teve ainda muita repercussão. Mas o SESC pretende estender o treinamento a um maior número de empresas, pois que o pré-aposentado precisa receber o maior número de informações possível a fim de ter garantido o sentido da vida.

> Com a aposentadoria, podem ser muito mais traumatizantes as mudanças na função social. De trabalhador ativo para aposentado, de um grande círculo de relações para um pequeno grupo, de responsáveis por filhos menores a pai de filhos emancipados. Os desafios gradativamente cessam; sem desafios, não se produzem reações. Sem reações, a vida perde o seu grande sentido (Salgado, 1982, p. 103).

E, numa explicitação que reafirma a transparente crença na solução da problemática da velhice por meio da educação, declara Salgado:

> a aposentadoria é uma circunstância que merece e deve ser preparada, tanto quanto aquela que levou ao exercício da profissão. Para qualquer

pessoa que se aposenta, a incorporação gradativa de outras ocupações, de interesses novos, a adesão voluntária a trabalhos sociais são derivativos excelentes, capazes de conferir um novo sentido de importância à vida, e de ocupar produtivamente o tempo livre. (...) Justifica-se, pois, a importância da tese da Gerontologia Social ao propor, como garantia de uma vida melhor, que os indivíduos permaneçam ativos até o final de seus dias (Salgado, 1982, p. 104-5).

Assim, o SESC desenvolve

programas de preparação para a aposentadoria através de cursos e palestras tendo por temas os aspectos biopsicossociais da Gerontologia, além dos aspectos previdenciários, jurídicos, econômicos e culturais. A participação nos programas inclui ainda o contato direto com atividades de lazer sociocultural nos centros culturais e desportivos do SESC com vistas à aquisição de novas opções de preenchimento sadio de tempo livre que tende a aumentar e que poderá vir a se tornar um problema na aposentadoria (Assis, 1979, p. 38).

Observa-se, pelo que pudemos constatar, que o lazer ocupa lugar de destaque em todos os programas oferecidos por essa instituição. Sobre este assunto assim se pronuncia Zally Pinto Vasconcellos Queiroz.

Poderá o lazer, na sociedade brasileira urbana de hoje, ser utilizado como um meio de: reaproximação de gerações, mudança da imagem cultural da velhice, favorecimento da definição de um espaço social próprio da velhice, posicionamento das pessoas mais jovens ao lado dos idosos numa ação de conquista de uma política de bem-estar social voltada também para a velhice?
A ação do SESC em São Paulo, definidas como suas estas diretrizes para a programação do lazer da terceira idade, poderá contribuir para o surgimento de uma resposta (Queiroz, 1982, p. 31).

O idoso, o pré-aposentado, nesse esquema montado, passa a ter o seu corpo, as suas ações e os seus sentimentos como objeto de investimentos. A sociedade capitalista, caracterizada por tensões sociais, retém o trabalhador preso a um espartilho de normas para manter-se organizada. Com o aumento do número de idosos e da ameaça que isso representa, a mesma sociedade propõe ao trabalhador aspirante à aposentadoria, e também aos já aposentados, que passem a se preocupar com aquilo que lhes fora proibido a vida inteira: o corpo desgastado pelo trabalho massacrante precisa ser recuperado; o humor, incentivado; o lazer impossível transforma-se na mola mestra do combate à solidão.

O *Jornal Terceira Idade*, do SESC, publicou em junho de 1983 uma matéria escrita por Cilene Swain Canoas com o título "Solte o corpo: É bom, bonito e barato", onde esta questão é abordada.

> A família, a Igreja, a escola, a empresa de trabalho etc., exercem sobre nós uma ação reguladora do desenvolvimento pessoal. A essa ação damos o nome de educação, que nada mais é do que a maneira como essas instituições nos moldam e nos deixam "prontos" para viver. (...) Essa relação ao corpo, a "educação" é bastante influenciada pela moral e valores estéticos, que não são vistos igualmente para os homens e para as mulheres. (...) Desbloquear nosso corpo e permitir que tenhamos sensações agradáveis a partir dele é tarefa consciente, isto é, precisamos pensar, refletir e chegar a conclusões próprias sobre o que a "educação" fez com cada um de nós.
>
> Entre os idosos, tudo o que dissemos até aqui torna-se mais forte ainda, porque deles esperam-se ainda atitudes definidas e dentro de padrões bastante preconceituosos, ou seja, os mais velhos devem ser comedidos, discretos, delicados em seus movimentos e modo de vestir, por exemplo.
>
> Não queremos, com as ideias aqui apresentadas, que as pessoas digam não a tudo que aprenderam durante a vida; mas que pensem se estão vivendo bem com seu corpo. Procurem sentir mais prazer em movimentá-lo, seja através da dança, jogos ou uma caminhada.
>
> Queremos simplesmente que você goste mais de você mesmo e não tenha vergonha de mostrar isso. Vai fazer bem para você e para as pessoas que o cercam (*JTI*, 1983, p. 4-5).

O idoso está sob controle. O velho espartilho tem que ser encostado e novas receitas é que se impõem. Afinal, segundo a ideologia da velhice, é preciso que o idoso lute contra a depressão que o ócio pode provocar; é preciso que se imponha no seio da família; urge que garanta a sociabilidade necessária para manter os laços sociais; é necessário que se sinta útil; é preciso que se reeduque para o novo papel que deverá desempenhar.

O corpo, ativado pelos exercícios, mantido através de boa alimentação, incentivado por variados entretenimentos, submetido à disciplina prescrita pela gerontologia-geriatria, responderá com a docilidade-utilidade necessária para encobrir a tragédia do fim da vida. Ledo engano. Embora a gerontologia-geriatria universalize a velhice em seus discursos, embora o SESC fale em nome dos velhos em geral, aqueles que terão condições de responder satisfatoriamente às suas receitas não representam os idosos da classe trabalhadora. A ambicionada qualidade de vida na terceira idade não se estende aos velhos dominados. Estes continuam brigando pela sobrevivência, disputando um lugar no mercado de trabalho. A sutil estratégia científica que responde satisfatoriamente à preocupação da ONU, que articula organizações capitalistas como o Centro Internacional de Gerontologia Social, que é responsável por planos para a velhice como os desenvolvidos na França, que engrossa a fala dos técnicos da terceira idade, não terá possibilidade de triunfar. Com isso queremos afirmar que, apesar da "política de vigilância" por ela prescrita, não conseguirá ter domínio, como pretende, do corpo, das ações e dos sentimentos dos velhos em geral. O velho oriundo da classe trabalhadora resistirá, em função das próprias contradições da sociedade capitalista.

A gerontóloga francesa prescreve, como vimos, minuciosos regulamentos que se constituem em técnicas para talhar os homens segundo a racionalização utilitária da ideologia da velhice produzida pelo "saber científico". Embora defenda com unhas e dentes o seu generoso ideário, acaba confirmando, ainda que não seja sua intenção, a fragilidade toda da política social para os idosos diante da inexorável realidade em que se veem mergulhados os explorados:

> Quanto às pensões, temos algumas medidas provisórias para remediar o problema da escassez. Poderíamos, talvez, dar maior possibilidade aos idosos de continuarem a trabalhar em algum tipo de atividade que lhes permitisse recuperar um pouco de sua renda; essa é a política seguida para os jovens, no momento em que estamos vivendo, e talvez fosse bom que pudéssemos estendê-la às pessoas idosas, isto é, permitir-lhes o exercício de alguma atividade remunerada para, assim, poderem ter melhores condições de vida (Donfut, 1979, p. 41).

A crença na solução da chamada problemática da velhice baseia-se numa linha enganosa de raciocínio: ostenta argumentações falaciosas, supostamente baseadas em fatos reais. Os reformuladores do fim da vida criam representações sobre a velhice visando a uma melhoria no interior da estrutura dada, através de meios oferecidos pela mesma estrutura, logo sujeitos às contradições que buscam neutralizar.

Retomemos a questão da aposentadoria segundo a ótica dos técnicos em velhice a serviço do SESC. Numa tentativa de comparação da situação dos jovens e dos velhos é afirmado que:

> Para o jovem, o ingresso no mercado de trabalho é percebido mais como início de uma nova etapa de vida do que como fim de um período. Na realidade, a independência procurada através da atividade remunerada não ocorre da noite para o dia e, assim, os passos iniciais no primeiro emprego não representam uma quebra total do sistema de vida até então conhecido; mas para os que se aposentam, a situação é bem diversa. (...)
> No que diz respeito ao *status* funcional, o jovem tem perspectivas de ascensão; os que se aposentam têm a certeza de perda objetiva do *status* funcional conquistado, qualquer que tenha sido ele. (...)
> Os que se iniciam numa carreira profissional, ingressam em mais um grupo social, diferente daqueles aos quais pertenciam anteriormente. Esta nova situação carrega em seu bojo outras perspectivas de vida:

novas relações, novos amigos, novas oportunidades de convivência social. Os que se aposentam afastam-se dos colegas de trabalho e, provavelmente, temem perder os amigos que lá fizeram. Sabem, também, que as oportunidades de ingresso em outros grupos iguais irão se tornando progressivamente mais escassas e difíceis. (...)
Em resumo, as perspectivas de vida do jovem que ingressa no mercado de trabalho talvez sejam mais risonhas do que as antevistas pelo homem de meia idade que se prepara para dele sair. O jovem tem um longo futuro à sua frente e deseja entrar para o grupo de adultos; o futuro do aposentado é curto e a ele repugna a ideia de ingressar no grupo de idosos; o jovem vai ao encontro da vida; o aposentado foge à perspectiva da morte (Motta, 1981, p. 8-9).

A temática da autora carrega a crença de que a aposentadoria, que chega com a idade, traz a dependência, a insegurança, a ameaça, a perda de *status*, o isolamento etc. Amparada no modo de pensar capitalista, não se dá conta de que jovens e idosos são vítimas das mesmas teias intrincadas, urdidas pela sociedade capitalista. A organização capitalista, nos ensina Marx, transforma os homens em mercadorias, submetendo-os à lei da oferta e da procura, tanto quanto a de qualquer outra mercadoria, e "o trabalhador como 'capital vivo' é uma forma especial de mercadoria que tem a infelicidade de ser 'um capital com necessidade'" (Mészáros, 1981, p. 128-9).

O SESC encontra, entretanto, solução para as condições que estão sendo vividas pelos velhos:

A situação pode se modificar. Por exemplo, com programas de aposentadoria visando ensinar expectativas em relação ao lazer ou quaisquer outras ocupações — ensaiando o papel de aposentado. Para tanto, é necessário mobilizar o maior número possível de profissionais de várias áreas com uma nova perspectiva, com um modelo mais positivo de envelhecimento, do lugar do idoso na sociedade. Centros para idosos poderiam estabelecer suas necessidades e providenciar recursos para prové-las. Em muitos países, centros de pesquisas e recursos estão em pleno funcionamento, atentos tanto para o bem-estar individual quanto para a situação social (Wagner, 1981, p. 15-6).

O discurso é repetitivo. Volta em cena a apologia à educação. Mas não fica nessa receita. A família não é esquecida:

> Outra forma de assistir os idosos é trabalhar junto à família, muitas vezes sem recursos econômicos ou psicológicos para se situar com relação ao velho. Seria benéfica a orientação sobre como tratá-lo, o que oferecer-lhe, o que pedir-lhe; como se relacionar com ele nas diversas esferas da vida familiar e social. Assim, se aliviaria a família de tensões e angústias por falta de conhecimento de alternativas sobre como agir (Wagner, 1981, p. 16).

E, em seguida, aparece a terceira indicação — *o trabalho* —, que endossa a mesma preocupação da gerontologia-geriatria e do Estado: o ônus que o crescente número de idosos representa à sociedade.

> Quando os papéis sociais são escassos a hierarquia profissional exige que os mais velhos abdiquem de seus postos em função dos mais novos. Pode ser que as consequências imediatas resultem positivas, considerando-se que está em jogo a renovação de forças. Contudo, com o progresso da ciência e o aumento da longevidade, já contamos com um número progressivamente crescente de idosos. O que fazer com eles, *idosos, desocupados e infelizes*?
> Nossa sociedade terá condições de arcar com o pagamento de aposentadoria e com toda a assistência social necessária a um aumento cada vez maior de pessoas, por um espaço cada vez maior de tempo? (Wagner, 1981, p. 16; grifos meus).

Acreditamos não restar nenhuma dúvida quanto à real intenção dos aparentemente "defensores da velhice".

Finalizando, numa tentativa de demonstrar a variedade de propostas quanto à ocupação dos idosos, recorremos à fala do botânico Harry Blossfeld, em seu artigo "Uma proposta ecológica para a organização do lazer do idoso", publicada pelo SESC em seu *Cadernos da Terceira Idade*. Segundo o autor, quando as pessoas se aposentam, criticando tudo e todos, sabendo tudo melhor, contando sempre as mesmas anedotas e lamúrias, acabam importunando seus amigos e parentes, sendo repelidos pela sociedade, tornando-se isolados, solitários. Consideram-nos "quadrados".

Esta evolução nada agradável pode ser perfeitamente evitada se o próprio idoso, em vez de entregar-se a uma ociosidade completa, descobrir um rumo novo para sua vida, algo que o entusiasme, que lhe proporcione alegria e satisfação, e que o valorize perante a sociedade (Blossfeld, 1982, p. 15).

E, numa colocação ingênua, que reflete o desconhecimento que possui a respeito das condições do idoso brasileiro, afirma:

O mais difícil é descobrir a vocação do idoso e, nisto, um médico psiquiatra poderia dar uma ajuda eficiente, pois há testes que permitem constatar aptidões, inclinações, vontades ou, pelo menos, certa curiosidade do idoso a respeito de alguma atividade criativa que lhe dê satisfação (Blossfeld, 1982, p. 15).

Sugere, então, atividades consideradas criativas para preencher o tempo de que dispõe o idoso: as artes e os artesanatos, tais como

a música e a canção e pintura, gravura e entalhe, modelagem em barro, gesso ou pedra-sabão, fundição e caldeiraria em cobre, bronze e estanho, tecelagem em obras trançadas, trabalhos em couro, marcenaria, marchetaria e outros trabalhos em madeira, de torno e formão, lapidação de pedras comuns e assim por diante. Todas essas ocupações podem servir para ganhar algum dinheiro e dependem apenas de alguma habilidade manual já existente ou adquirida por ensino de algum amigo ou em curso (Blossfeld, 1982, p. 16).

Aponta também outras atividades baseadas na criação de animais e plantas:

A criação de passarinhos, de abelhas, de cães de raça ou de peixes pode ser tão fascinante e lucrativa quanto a criação de mudas de árvores frutíferas, de samambaias, de orquídeas ou o plantio de hortaliças e verduras e são ocupações próprias para pessoas idosas, que têm mais paciência, mais calma, mais prudência e capacidade de observação (Blossfeld, 1982, p. 16).

E, concluindo, propõe que as pessoas idosas sejam aproveitadas

na restauração da qualidade do ambiente, seja dando ensinamentos aos jovens, seja dando o bom exemplo, e isso me parece ser ainda mais eficiente. Se em cada cidade do interior de São Paulo se formasse um pequeno grupo de idosos para, conjuntamente, reformar uma praça pública abandonada, plantando árvores e flores criadas em suas chácaras, naturalmente com permissão e apoio da prefeitura, se houvesse um esforço para arborizar todas as ruas da cidade, de maneira tecnicamente correta, com a ajuda de um agrônomo, se houvesse apoio popular para proteger estas árvores do vandalismo, para conseguir sua manutenção e tratos adequados, seria possível mudar por completo o aspecto urbanístico das cidades. (...)
Está aí uma tarefa para os idosos mostrarem que não são tão velhos assim, que sabem fazer-se respeitar e sabem fazer o bem para as gerações futuras (Blossfeld, 1982, p. 17).

Estes e outros textos semelhantes foram proferidos no II Encontro Estadual de Idosos, realizado em Piracicaba, em 18 de setembro de 1980, no qual a tônica foi a preservação do meio ambiente. Refletindo um imaginário perfeitamente coerente com a lógica da proposta SESC, o autor parece ter descoberto na potencialidade de trabalho dos velhos uma fonte inesgotável de obras secundárias que podem ser feitas, ao que se presume, a baixo custo.

Como se vê, após toda uma existência como explorado, ao velho trabalhador é acenada uma perspectiva que supostamente lhe garantiria o respeito da sociedade.

O imaginário da proposta SESC assenta-se numa lógica que expressa a racionalidade utilitária inerente ao padrão de acumulação capitalista: a tentativa de converter a velhice em mercadoria intercambiável no mercado. Daí a complexidade técnica que se desenvolve às suas voltas. Daí também as propostas no sentido de reservar aos velhos segmentos específicos do mercado. Aqui, no entanto, revelam-se seus limites e contradições: no estágio atual do desenvolvimento capitalista — o monopolista —, a reserva de mercado proposta (o artesanato), senão bastasse representar um contrassenso à maquinofatura, o próprio relegar da velhice a atividades secundárias representa a sua morte enquanto mão de obra a ser absorvida. É justamente aqui que a ideologia da velhice não se esconde.

A política de vigilância evidencia a falácia ideológica que equaciona o problema da velhice sob as bases de um velho fictício. Só, pobre, doente, o velho despossuído caminha para o inexorável: o encerramento de sua acidentada biografia historicamente determinada pelo modo capitalista de produção.

Conclusão

Do estudo empreendido concluímos que, com o aumento do número de idosos, nasce no cenário histórico da política assistencialista brasileira uma proposta de tutelar a velhice: sob a aparência de socorrer os velhos dos perigos que os ameaçam, é proposto um complexo disciplinar para talhar o seu corpo, as suas ações e os seus sentimentos segundo as receitas prescritas pelos teóricos autorizados, os gerontólogos e geriatras.

No primeiro capítulo propusemo-nos a analisar, sob o título "O saber sob a velhice: a 'ciência' está com a palavra", o conjunto de representações formulado pela gerontologia e pela geriatria. No decorrer desse capítulo, sempre ressaltando o caráter abstrato, a-histórico da ideologia médica sobre a velhice, encaminhamos a análise no sentido de evidenciar o tripé — expresso nas normas: educação, trabalho e família — onde se assentam as representações sobre a velhice por elas formuladas. A gerontologia e a geriatria, colocando-se como detentoras dos segredos da velhice, buscam reorganizar o comportamento dos idosos que, transfigurados, enquanto objetos do seu saber, são reduzidos a gerontinos, perdendo as suas particularidades enquanto seres históricos.

O adestramento político dos velhos gira em torno de dois polos distintos: o primeiro tem por eixo a difusão dos preceitos médicos, ou seja, um conjunto de conhecimentos e de técnicas que deve levar os velhos a tomar consciência do que é clinicamente a velhice, procurando preservar o "corpo capitalista"; o segundo objetiva direcionar a vida dos idosos para diminuir o custo social de sua manutenção.

Prisioneiros da ideologia, os gerontólogos e geriatras dissimulam, com seu discurso lacunar que universaliza a velhice, o fato de vida e morte do trabalhador estarem intrinsecamente ligadas.

O estudo do discurso da gerontologia-geriatria permitiu-nos, também, tomar ciência das relações dessa instância médica com a ONU e com organismos internacionais, portadores de propostas para os males da velhice nas sociedades capitalistas. A meta prioritária é conservar os velhos ativos, abolindo, supostamente em nome do bem que isso lhes representa, a aposentadoria por tempo de serviço.

No decorrer do segundo capítulo — "E o Estado, como se pronuncia?" — buscamos localizar historicamente o aparecimento das medidas legais assinadas pelo Estado brasileiro "em favor" dos idosos, enfatizando o período pós-1964, quando foram baixados os principais dispositivos normatizadores da sua assistência. Procuramos, ao mesmo tempo, analisar as articulações entre Estado e gerontologia-geriatria, ou seja, evidenciar a ideologia da cumplicidade.

Finalmente, no terceiro capítulo — "O imaginário e a lógica da questão da velhice na proposta SESC" —, discorremos sobre os programas para idosos desenvolvidos por essa instituição e a "filosofia" que os embala. A prática da tutela dos idosos pelo SESC é efetuada por meio de um "complexo tutelar" formado por equipes de multiprofissionais, os técnicos em velhice, que consomem as receitas ditadas pelo "saber" a serviço do poder.

Assim, gerontologia-geriatria, Estado e SESC, numa proposta perfeitamente articulada, colocam-se aparentemente a serviço da velhice desamparada, da velhice em perigo. Num contexto em que o Estado, enquanto regulador de conflitos a serviço da classe dominante, sente o "peso" do crescente aumento do número de idosos, em que o poder dos velhos, expresso pela tragédia do fim da vida, evidencia o irremediável destino da classe trabalhadora, brota uma aparente sensibilidade do poder público, da "ciência" e do poder privado que, de forma solidária, atuam na suposta solução do drama da velhice.

Entretanto, temos consciência de que a análise da ideologia da velhice não se encerra no desvendar do discurso médico, no do Estado e do SESC. Outras instâncias — as "ciências" humanas, a literatura, a imprensa, o direito, a arte, o saber popular etc. — produzem outros discursos sobre a velhice. Temos consciência também de que o conhecimento da ideologia da velhice reclama o conhecimento da "práxis da velhice", seja aquele produzido no âmbito do universo institucional — sobretudo as instituições de amparo e assistência aos velhos —, como no âmbito do mundo civil e mesmo doméstico.

Na medida em que foi restringido o objeto do nosso estudo, isto é, na medida em que não nos propusemos conhecer a "resistência" aos padrões de velhice preconizados pelos intelectuais orgânicos da burguesia, sentimos certa limitação presente em nossas conclusões.

Senão, vejamos. Não tendo conhecimento das possíveis pressões que as classes trabalhadoras exercem sobre o Estado no que se refere à melhoria da sua qualidade de fim de vida (melhores proventos pós-aposentadoria, satisfatória assistência médico-hospitalar etc., por exemplo), não nos é possível acenar com a conclusão de que a tutela dos idosos é também uma estratégia política utilizada pelo Estado no sentido de despolitizar questões fundamentais formuladas pelas classes trabalhadoras, isto é, não nos é possível concluir se a estratégia utilizada pelo Estado expressa a politização de outra questão que não a reivindicada pelos dominados.

Se, por um lado, este estudo permite-nos compreender a "política da vigilância" como uma estratégia política ligada ao crescente aumento do número de idosos, portanto, entendida como uma ação racional utilizada pelo Estado capitalista brasileiro no sentido de diminuir o custo da manutenção dos idosos, por outro, não nos permite concluir se, ao mesmo tempo, o Estado — em decorrência do feixe de contradições em que se vê mergulhado —, para legitimar o seu poder, absorve os apelos da política sindical despolitizando suas reivindicações através de uma resposta amortizadora.

Esta hipótese encontra respaldo, por exemplo, na ação populista de Getúlio Vargas. No costumeiro discurso do Dia do Trabalho, em 1952, enfatizou que:

> Um governo que se isola das massas populares está nutrindo, sem o saber, o germe de sua destruição. É imprescindível um contato íntimo e permanente dos poderes públicos com os líderes de todas as classes sociais, não só para que o povo defenda os seus interesses, mas também para que exponha as suas críticas (Vargas, in Faria, 1984, p. 188-9).

E, quase no encerramento do seu pronunciamento, refere-se ao que é alvo de nossa preocupação:

> Também está sendo estudada a concessão de aposentadoria aos trabalhadores por limite de idade e tempo de serviço, isto é, aposentadoria com salário integral aos que contarem mais de 55 anos de idade ou mais de 35 anos de serviço, calculando-se o benefício; nos demais casos, em base nunca inferior ao salário mínimo de cada região do país (Vargas, in Faria, 1984, p. 193).

De qualquer maneira, uma coisa é certa. Não só o Estado fala. Várias outras instâncias e instituições também falam. Entre elas talvez a literatura tenha sido a mais aguçada, justamente porque nela as várias representações sobre a velhice ganham uma dimensão estética privilegiada em relação às outras instâncias de produção do saber sobre a velhice.

Tanto em Shakespeare, quanto em Oscar Wilde ou Jorge Andrade, o texto literário constitui um momento significativo em que é possível transformar a velhice em experiência ao mesmo tempo dignificante e repudiada, que acena para diferentes modos de viver, de sofrer e de resistir.

Ao cientista social caberá, no entanto, não se satisfazer com os propósitos estéticos das representações literárias sobre a velhice; ainda que sensível a elas deverá procurar as condições e os fatores que, no social concreto, alimentam essas representações.

FONTES E BIBLIOGRAFIA

Fontes primárias

1. Entrevista

Concedida pelo técnico do Centro de Estudos da Terceira Idade do SESC, Osvaldo Gonçalves da Silva, em 30/8/1983.

2. Dados estatísticos

1960 — INSTITUTO BRASILEIRO DE ESTATÍSTICA. *Anuário Estatístico do Brasil.* Censo Demográfico, Dados Gerais. Rio de Janeiro: IBGE, 1968, p. 2.

1970 — INSTITUTO BRASILEIRO DE ESTATÍSTICA. *Anuário Estatístico do Brasil.* Censo Demográfico, Dados Gerais. Rio de Janeiro: IBGE, 1973, p. 2.

1980 — INSTITUTO BRASILEIRO DE ESTATÍSTICA. *Anuário Estatístico do Brasil.* Censo Demográfico, Dados Gerais. Rio de Janeiro: IBGE, 1983, p. 2.

Fontes secundárias

1. Livros, artigos e folhetos sobre velhice

ANGULO, Marcos Smith. Aspectos fisiológicos do envelhecimento. *Cadernos da Terceira Idade*, São Paulo: SESC, n. 4, p. 7-13, ago. 1979.

_____. A aprendizagem na terceira idade, sob o ponto de vista geriátrico. *Cadernos da Terceira Idade*, São Paulo: SESC, n. 6, p. 17-8, 1980.

ASSIS, Darnício. Trabalho social com idosos no SESC de São Paulo, realizações e perspectivas. *Cadernos da Terceira Idade*, São Paulo: SESC, n. 4, p. 37-9, ago. 1979.

ÁVILA, Jarbas José. Geriatria e gerontologia: sua importância no mundo atual. *Senecta, Revista Médica, Clínica e Terapêutica da Terceira Idade*, Rio de Janeiro, ano 1, v. 1, n. 1, p. 22-5, 1978.

BERG, Ralph. Na velhice, capacidade intelectual mais aguda. *Senecta, Revista Médica, Clínica e Terapêutica da Terceira Idade*, Rio de Janeiro, ano 2, v. 2, n. 1, p. 37, 1979.

BLOSSFELD, Harry. Uma proposta ecológica para a organização do lazer do idoso. *Cadernos da Terceira Idade*, São Paulo: SESC, n. 8, p. 15-7, 1982.

CARVALHO, Eurico Thomaz Filho. Geriatria não faz milagres. *CT, Revista Brasileira de Clínica e Terapêutica*, São Paulo, ano XIII, n. 7, p. 28-32, jul. 1984.

CUNHA, Raquel Vieira. Educação permanente como perspectiva da integração social do idoso. *Cadernos da Terceira Idade*, São Paulo: SESC, n. 6, p. 7-8, 1980.

DONFUT, Claudine Attias. Seminário de estudos sobre a terceira idade. *Cadernos da Terceira Idade*, São Paulo: SESC, v. I e II, n. 3, 1979.

FERNANDES, Flávio da Silva; ROSSI, Edison. Participação da universidade numa política social para a terceira idade. In: BALLONE, Geraldo José et al. *Envelhecimento e velhice*: uma nova realidade. Prefeitura Municipal de Paulínia, dez. 1981. p. 21-31.

FERRARI, Branca T. Brasil discrimina seus velhos. *CT, Revista Brasileira de Clínica e Terapêutica*, São Paulo, ano XIII, n. 7, p. 19-27, jul. 1984.

FERREIRA, Paulo César Affonso. Importância do processo de envelhecimento. *Senecta, Revista Médica, Clínica e Terapêutica da Terceira Idade*, Rio de Janeiro, ano 1, v. I, n. 3, p. 10-19, 1978.

FUSTINONI, Osvaldo. A terceira idade: desafio e oportunidades. In: ORGANIZAÇÃO MUNDIAL DE SAÚDE. *Remoçar a velhice*, 1982. p. 3. [Publicação avulsa.]

HERMANOVA, Hana. Novas diretrizes nos países industrializados. In: ORGANIZAÇÃO MUNDIAL DE SAÚDE. *Remoçar a velhice*, 1982. p. 3. [Publicação avulsa.]

MACCHIA, Maria Tereza La; SILVA, Osvaldo Gonçalves da. Programa de preparação para a aposentadoria. *Cadernos da Terceira Idade*, São Paulo: SESC, n. 7, p. 19-27, 1981.

MAHLER, Halfdan T. Remoçando a velhice. In: ORGANIZAÇÃO MUNDIAL DE SAÚDE. *Remoçar a velhice*, 1982. p. 1. [Publicação avulsa.]

MOTTA, Edith M. Reflexos da aposentadoria sobre a questão social do idoso. *Cadernos da Terceira Idade*, São Paulo: SESC, n. 7, p. 7-11, 1981.

PEREIRA, Jesus Vazquez. Educação para a participação. *Cadernos da Terceira Idade*, São Paulo: SESC, n. 6, n. 9-12, 1980.

QUEIROZ, Zally Pinto Vasconcellos de. Os idosos: uma categoria etária no Brasil. *Cadernos da Terceira Idade*, São Paulo: SESC, n. 10, p. 17-31, 1982.

REBOUL, Hélène. *Vieillir, projet pour vivre*. Lyon: Le Chalet SNPP, 1973.

ROSSI, Edison. A medicina clínica na 3ª idade. In: BALLONE, Geraldo José et al. *Envelhecimento e velhice*: uma nova realidade. Prefeitura Municipal de Paulínia, dez. 1981. p. 33-53.

SALGADO, Marcelo Antonio. O significado da velhice no Brasil: uma imagem da realidade latino-americana. *Cadernos da Terceira Idade*, São Paulo: SESC, n. 10, p. 7-13, 1982.

_____. *Velhice, uma nova questão social*. São Paulo: SESC, 1982. (Série Terceira Idade; v. 1.)

SCHERMAN, José. A mulher envelhece mais rápido mas vive mais 40% que o homem. *Senecta, Revista Médica, Clínica e Terapêutica da Terceira Idade*, Rio de Janeiro, ano I, n. 2, p. 10-11, 1978.

SERVIÇO SOCIAL DO COMÉRCIO. O SESC e o trabalho social com idosos. São Paulo: s.i.d.; s.i.p. [Publicação avulsa.]

STIEGLITZ, E. J. A suprema tragédia da velhice é a convicção da inutilidade. *Senecta, Revista Médica, Clínica e Terapêutica da Terceira Idade*, Rio de Janeiro, ano 1, v. 1, n. 1, p. 26-31, 1978.

VASCONCELLOS, Tais Braga. Geriatria em Alagoas. Aos 37 anos, Dr. Sérgio da Hora quer lutar muito pelos velhos brasileiros. *Senecta, Revista Médica, Informação e Atualização em Medicina*, Rio de Janeiro, ano 6, n. 3, p. 9, 1983.

WAGNER, Elvira Abreu e Mello. Aposentado? *Cadernos da Terceira Idade*, São Paulo: SESC, n. 7, p. 13-6, 1981.

WASHINGTON, Marília Leite. Educação permanente na terceira idade. *Cadernos da Terceira Idade*, São Paulo: SESC, n. 6, p. 13-5, 1980.

ZAY, Nicholas. La gerontologie sociale: son present et son avenir. *Service Sociale*, Quebec: Université Laval, v. 26, n. 2/3, 1977. Apud: BALLONE, Geraldo José et al. *Envelhecimento e velhice*: uma nova realidade. Prefeitura Municipal de Paulínia, dez. 1981. p. 3.

2. Jornais

Folha de S.Paulo (SP)

O Estado de S. Paulo (SP)

Jornal da Semana (SP)

Shopping News/City News (SP)

Folha da Tarde (SP)

Jornal Terceira Idade (SP)

3. Publicações da Secretaria de Estado da Promoção Social

SECRETARIA DE ESTADO DA PROMOÇÃO SOCIAL. *Documento Técnico.* JORDÃO, Antonio Neto. Considerações gerais sobre a problemática da velhice. São Paulo, Seção de Levantamentos e Pesquisas, n. 2, 1976.

_____. *Documento Técnico.* JORDÃO, Antonio Neto. Alguns aspectos da situação do idoso no Brasil. São Paulo, Seção de Levantamentos e Pesquisas, n. 3, 1976.

_____; FUNDO DE ASSISTÊNCIA SOCIAL DO PALÁCIO DO GOVERNO. Programa Pró-Idoso. São Paulo, 1981.

4. Decretos, portarias e leis

BRASIL. Decretos. Consolidação da Previdência Social. *Decreto n. 72.771, 6/9/1973.* 10. ed. São Paulo: Mapa Fiscal, 1978. v. I, p. 459.

_____. Leis. Consolidação da Previdência Social. *Lei n. 5.890, 8/6/1973.* 10. ed. São Paulo: Mapa Fiscal, 1978. v. I, p. 216-36.

BRASIL. Leis. Consolidação da Previdência Social. *Lei n. 6.179, 11/12/1974.* 10. ed. São Paulo: Mapa Fiscal, 1978. v. I, p. 254-9.

_____. Leis. Consolidação da Previdência Social. *Lei n. 6.210, 4/6/1975.* 10. ed. São Paulo: Mapa Fiscal, 1978. v. I, p. 264-6.

_____. Leis. Consolidação da Previdência Social. *Lei n. 6.243, 24/9/1975.* 10. ed. São Paulo: Mapa Fiscal, 1978. v. I, p. 268-9.

_____. Leis. Consolidação da Previdência Social. *Lei n. 6.439, 1º/9/1977.* 10. ed. São Paulo: Mapa Fiscal, 1978. v. I, p. 303-14.

_____. Portarias. Consolidação da Previdência Social. *Portaria n. 82, 4/7/1974.* 10. ed. São Paulo: Mapa Fiscal, 1978. v. II, p. 74-6.

_____. Portarias. Consolidação da Previdência Social. *Portaria n. 212, 19/5/1975.* 10. ed. São Paulo: Mapa Fiscal, 1978. v. II, p. 105-6.

_____. Portarias. *Diário das Leis*. Portaria MPAS n. 25, 9/11/1979. São Paulo, 21 nov. 1979, p. 3527-9.

_____. Portarias. *Diário das Leis*. Portaria MPAS n. 2.864, 5/5/1982. São Paulo, 12 maio 1982, p. 4-9.

Bibliografia geral

ABREU, Sérgio França Adorno de. *O que todo cidadão precisa saber sobre Constituição*. São Paulo: Global, 1985.

ANTUNES, Ricardo. *Classe operária, sindicatos e partido no Brasil*: um estudo sobre a consciência de classe, da Revolução de 30 até a Aliança Nacional Libertadora. São Paulo: Cortez, 1982.

BEAUVOIR, Simone de. *A velhice*. São Paulo: Difusão Europeia do Livro, 1970. 2 v.

BOSI, Ecléa. *Memória e sociedade*: lembranças de velhos. São Paulo: T. A. Queiroz, 1979.

BRANDÃO, Carlos Rodrigues. *Educação popular*. São Paulo: Brasiliense, 1984.

BRUNI, José Carlos. *Ideologia e cultura*. São Paulo: Universidade de São Paulo, Departamento de Ciências Sociais, 1980. (Mimeo.)

CAMARGO, Cândido Procópio Ferreira de et al. *São Paulo 1975*: crescimento e pobreza. 4. ed. São Paulo: Loyola, 1977.

CHAUI, Marilena. *O que é ideologia*. 4. ed. São Paulo: Brasiliense, 1981. (Col. Primeiros Passos.)

_____. *Cultura e democracia*: o discurso competente e outras falas. 3. ed. São Paulo: Moderna, 1982.

COHN, Amélia. *Previdência social e processo político no Brasil*. São Paulo: Moderna, 1981.

COIMBRA, J. R. Feijó. *Direito previdenciário brasileiro*. Rio de Janeiro: Rio, 1980. p. 173-4.

COSTA, Jurandir Freire. *Ordem médica e norma familiar*. Rio de Janeiro: Graal, 1979.

DANIEL, Jungla Maria Pimentel. *A condição de vida do operário aposentado*. Dissertação (Mestrado em Ciências Sociais/Antropologia) — Pontifícia Universidade Católica, São Paulo, 1979.

DANZELOT, Jacques. *A polícia das famílias*. Rio de Janeiro: Graal, 1980.

FARIA, Antonio Augusto; BARROS, Edgard Luiz. *O retrato do velho*. São Paulo: Atual, 1984. p. 188-9.

FERNANDES, Florestan. *A ditadura em questão*. São Paulo: T. A. Queiroz, 1982.

GOLDMANN, Lucien. A reificação das relações sociais. In: FORACCHI, Marialice Mencarini; MARTINS, José de Souza. *Sociologia e sociedade*: leituras de introdução à sociologia. São Paulo/Rio de Janeiro: Livros Técnicos e Científicos, 1978.

IANNI, Octavio. *Karl Marx*: sociologia. São Paulo: Ática, 1979.

_____. *Dialética e capitalismo*. Petrópolis: Vozes, 1982.

IANNI, Octavio. *Estado e planejamento econômico no Brasil (1930-1970)*. Rio de Janeiro: Civilização Brasileira, 1979.

_____. *O ciclo da revolução burguesa*. Petrópolis: Vozes, 1984.

KOSIK, Karel. *Dialética do concreto*. 2. ed. Rio de Janeiro: Paz e Terra, 1976.

MARTINS, José de Souza. *Sobre o modo capitalista de pensar*. 2. ed. São Paulo: Hucitec, 1980.

MARX, Karl. Manuscritos econômicos e filosóficos. In: FROMM, Erich. *O conceito marxista do homem*. Rio de Janeiro: Zahar, 1962.

_____. *O capital*. São Paulo: Abril Cultural, 1983. v. I.

_____; ENGELS, F. *A ideologia alemã (Feuerbach)*. 4. ed. São Paulo: Hucitec, 1984.

MÉSZÁROS, István. *Marx*: a teoria da alienação. Rio de Janeiro: Zahar, 1981.

OLIVEIRA, Francisco de. *O banquete e o sonho*: ensaios sobre economia brasileira. São Paulo: Brasiliense, 1976. (Cadernos de Debate; v. 3.)

OLIVEIRA, Francisco de. *A economia da dependência imperfeita*. Rio de Janeiro: Graal, 1977.

SANTOS, João Agostinho A. Gramsci: ideologia, intelectuais orgânicos e hegemonia. *Temas de Ciências Humanas*, São Paulo, Ciências Humanas, n. 9, p. 39-64, 1980.

SINGER, Paul. *A crise do "milagre"*. 5. ed. Rio de Janeiro: Paz e Terra, 1977.

TRAGTENBERG, Maurício. *Sobre educação política e sindicalismo*. São Paulo: Cortez, 1982. v. I.

VIANNA, Luiz Werneck. *Liberalismo e sindicalismo no Brasil*. 2. ed. Rio de Janeiro: Paz e Terra, 1978.

VIEIRA, Evaldo. *Estado e miséria social no Brasil*: de Getúlio a Geisel. 2. ed. São Paulo: Cortez, 1985.

LEIA TAMBÉM

ENVELHECIMENTO, SAÚDE E TRABALHO NO TEMPO DO CAPITAL

Sálvea de Oliveira Campelo e Paiva

1ª edição (2014)
304 páginas
ISBN 978-85-249-2191-9

Através de uma análise singular e acessível ao leitor, a autora aborda as múltiplas temáticas que compõem o seu objeto: a velhice como produção social e sua reprodução no capitalismo contemporâneo, política de saúde e o velho trabalhador, a racionalidade instrumental e a produção do Serviço Social sobre o envelhecimento.

A grande contribuição deste livro está em nos convocar para uma compreensão que supere o pragmatismo do cotidiano e a racionalidade instrumental, propondo como espaço de pesquisa/estudo a Gerontologia Social Crítica.

Indicado para profissionais e pesquisadores do Serviço Social e das mais diversas áreas que atuam e estudam sobre o envelhecimento humano.

GRÁFICA PAYM
Tel. [11] 4392-3344
paym@graficapaym.com.br